Hazlo como amazon

John Rossman

Hazlo como amazon

Los 14 principios de liderazgo para el futuro

PAIDÓS EMPRESA

Título original: *The Amazon Way. Amazon's 14 Leadership Principles*

© 2021, John Rossman

Traducción: Adriana Barajas Gómez

Diseño de portada: Planeta Arte & Diseño
Diseño de interiores: Hilda Constanza Mendoza Díaz

Derechos reservados

© 2023, Ediciones Culturales Paidós, S.A. de C.V.
Bajo el sello editorial PAIDÓS M.R.
Avenida Presidente Masarik núm. 111,
Piso 2, Polanco V Sección, Miguel Hidalgo
C.P. 11560, Ciudad de México
www.planetadelibros.com.mx
www.paidos.com.mx

Primera edición impresa en México: junio de 2023
ISBN: 978-607-569-476-4

Impreso en los talleres de Litográfica Ingramex, S.A. de C.V.
Centeno núm. 162-1, colonia Granjas Esmeralda, Ciudad de México
Impreso y hecho en México – Printed and made in Mexico

Elogios de la crítica para *Hazlo como Amazon*

Leí por primera vez *Hazlo como Amazon* en 2014 cuando estábamos apenas haciendo los primeros esfuerzos de nuestra recuperación en Best Buy y lo encontré muy estimulante en ese entonces. En esta nueva edición, John Rossman nos brinda una perspectiva actualizada, profunda e invaluable de los principios que alimentan el increíble éxito de Amazon. La sugerencia de John de agregar un nuevo principio basado en la «regla de oro» es un gran acierto para cualquier empresa, pues ¡necesitamos compañías que sirvan al bien común más que nunca!

Hubert Joly, expresidente y director ejecutivo de Best Buy,
autor de *The Heart of Business: Leadership Principles
for the Next Era of Capitalism*

En *Hazlo como Amazon*, John Rossman expone brillantemente la cultura secreta de Amazon y utiliza su perspectiva excepcional y privilegiada para mostrar cómo Jeff Bezos ha creado sistemas únicos para fomentar la buena toma de decisiones en todos los niveles de su compañía.

Brad Stone, autor de *La tienda de los sueños*
y *Amazon desatado*

Ayudé a reclutar a John para Amazon. Rossman ha hecho un trabajo magistral al capturar el corazón y el alma de Amazon, los principios de liderazgo en Amazon y ponerlos a disposición de todos.

Jason Child, director financiero de Splunk,
exvicepresidente de finanzas de Amazon

Hazlo como Amazon es una guía autorizada sobre los principios que impulsan y definen a una de las organizaciones más extraordinarias de la historia humana. Este es uno de los pocos libros que han moldeado mi idea sobre Amazon como periodista que cubre a este gigante peculiar de la industria tecnológica. La perspectiva de John Rossman refleja la gran experiencia y el conocimiento sustentado de alguien que trabajó de manera directa con Jeff Bezos y con el equipo líder de ejecutivos de Amazon. Esta nueva edición propone un décimo quinto principio de liderazgo que Andy Jassy, director ejecutivo de Amazon y sucesor de Bezos, haría bien en considerar.

Todd Bishop, editor y cofundador de GeekWire

Los *superpoderes* de Rossman provienen de su capacidad de traducir el éxito de los principios de liderazgo de Amazon en un clásico comercial para cualquier empresa que busque convertirse en una empresa más ágil y centrada en el cliente. *Hazlo como Amazon* es su más fascinante libro en tanto que Rossman crea una combinación de narrativa y de credibilidad con base en su capacidad para articular con claridad el valor práctico de las lecciones aprendidas desde su experiencia al correr en el más rápido de todos los carriles.

Larry Hightower, director ejecutivo de Vxtra Health, Inc.

A pesar de su éxito y expansión, Amazon continúa siendo una de las empresas más innovadoras y ágiles en la historia de los negocios. En *Hazlo como Amazon*, John Rossman revela los principios fundamentales de liderazgo que permiten ese éxito. Es una lectura obligada si eres parte de una industria que compite con Amazon, o que aspira a ser la Amazon de tu industria.

Jason Goldberg, director de estrategia de Publicis

Hazlo como Amazon era una herramienta esencial, a la cual me refería a menudo cuando dirigía Blue Origin. Las historias y las circunstancias detrás de cada principio de liderazgo de Amazon facilitaron tanto el conocimiento básico de la empresa como un valioso contexto para cuando hacíamos crecer con rapidez Blue Origin y la expandíamos hacia nuevas áreas comerciales bajo la guía de Jeff Bezos. Este libro es una lectura obligada para cualquiera que quiera saber cómo se mantiene innovando una de las organizaciones más grandes del mundo, con una enorme pasión por el cliente, mientras crece a través de la ambigüedad, la incertidumbre y el cambio.

Rob Meyerson, director ejecutivo de Delalune Space;
expresidente de Blue Origin

Cualquier estudiante sensato de finanzas tiene que asombrarse con la increíble historia de Amazon. ¿Cómo puede una empresa tener tanto éxito en sus esfuerzos por redefinir y conquistar, en última instancia, tantas industrias diferentes? En este libro, el exejecutivo de Amazon, John Rossman, comparte la respuesta: un conjunto claro, articulado de principios de liderazgo y de gestión que han guiado Amazon desde sus inicios. Esta es una lectura obligada para cualquier líder que aspire a redefinir los mercados y a abrirse un espacio entre los que compiten por el legado.

Matt Dixon, autor de *El vendedor desafiante* y
The Effortless Experience

Hazlo como Amazon es eterno e invaluable. Amazon puede ser la empresa del mundo más centrada en el cliente. Pero, cómo lo hace es casi imposible de replicar, hasta ahora. En *Hazlo como Amazon*, Rossman desglosa los principios de liderazgo de Amazon y los simplifica de tal forma que cualquier empresa los puede poner en juego hoy por hoy. Este es un manual que desearía haber tenido cuando comencé en la Industria.

Jesse Cole, dueño de Savannah Bananas, autor de
Find Your Yellow Tux

Rossman nos entrega una visión privilegiada, perspicaz, de cómo Amazon cambió el mundo y se convirtió en el rey de las categorías de venta masivas B2C y B2B.[1] ¡Lee este libro!

Christopher Lochhead, podcaster de negocios
número uno de Apple y autor número uno
de *marketing* de Amazon

En *Hazlo como Amazon*, Rossman describe con claridad la razón de obsesionarse inexorablemente con la experiencia del cliente y trabajar en retrospectiva para innovar en su beneficio. En el cuidado de la salud, los pacientes se están convirtiendo en consumidores activos que prestan cada vez un mayor interés en la calidad y accesibilidad de los tratamientos, así como en la atención brindada. Si bien la idea de centrarse en el cliente puede sonar como mero sentido común, es un principio que muchas industrias, incluida la mía, pueden y necesitan aprender de Amazon. Esta lectura inspiradora y pragmática hará que cualquier líder se detenga y piense: ¿Cómo impulsas desde todos los niveles de la organización la responsabilidad para cumplir con lo que más importa? ¿Tu estrategia está determinada por decisiones basadas en datos? ¿Cómo ganar en beneficio de tus clientes, a través de la colaboración audaz y pensando en cumplir tu función más allá de lo que te corresponde? Mi conclusión clave: la curiosidad, la cultura y la claridad son fundamentales para el éxito de cualquier organización. ¿Quieres ganar? Comienza inspirando un futuro de innovación centrada en el cliente.

Marie-France Tschudin, presidenta de Novartis
Pharmaceuticals

---

[1] B2C o *Business to Consumer*, es una categoría de venta masiva de empresas que venden al consumidor final; y B2B o *Business to Business* es la categoría de empresas que venden a otras empresas, uvadoc.uva.es/bitstream/handle/10324/5942/TFG-O%20174.pdf?sequence=1 *(N. de t.).*

Durante mucho tiempo he estudiado y admirado el papel único de Amazon al revolucionar las ventas al menudeo, la cadena de suministro, la tecnología y mucho más. *Hazlo como Amazon* brinda una visión privilegiada de los principios de liderazgo que dan forma a la estrategia y a la toma de decisiones de la empresa más innovadora de Estados Unidos de nuestra generación. La perspectiva de Rossman demuestra cómo la pasión por el cliente de Amazon guía sus decisiones y cultura. Principio por principio, crea un fascinante libro lúdico sobre liderazgo.

Seth Waite, director ejecutivo de Handled

Observé a John integrar con éxito los catorce principios de liderazgo en su trabajo con el cliente de manera cotidiana durante nuestros doce años juntos en Alvarez & Marsal. Los 14 principios de liderazgo pueden utilizarse como una «*checklist* previa al vuelo». Recurro a los principios antes de lanzar cualquier iniciativa crucial.

Tom Elsenbrook, director ejecutivo de Alvarez & Marsal
Corporate Performance Improvement

Hazlo como Amazon es una lectura esencial para ejecutivos que buscan comprender los pilares fundamentales que han respaldado el éxito fenomenal de Amazon.

Mark Power, director ejecutivo de Podean

Contenido

Prólogo

Por Tom Alberg, cofundador y socio gerencial de Madrona
Venture Group

Esta última edición de *Hazlo como Amazon* contiene nuevo material valioso que amplía su aplicación como una guía práctica de los principios comerciales y de operación que se usan para mejorar las oportunidades de éxito de cualquier negocio. El libro está repleto de perlas históricas e informativas sobre muchos de los principios y tácticas de implementación de Amazon, por ejemplo, el pensar como si fueras el dueño, las plataformas empresariales, el sistema andon,[1] inventar y simplificar, elevar estándares y minimizar el arrepentimiento. Cada uno es enriquecedor.

El principio de liderazgo más conocido, el que domina todos los demás en Amazon y en la mente de Bezos, es la pasión por el cliente. En otras palabras, siempre hacer lo que es correcto para el cliente, incluso si daña la rentabilidad. Este principio aparece en la parte inferior de cada comunicado de prensa. Y Rossman lo vio puesto en práctica muchas veces, al igual que yo como miembro del consejo de Amazon por 25 años. Por supuesto, la aplicación constante no ha disminuido el éxito de Amazon a lo largo del tiempo, sino que lo ha mejorado y la ha convertido en la empresa líder de comercio electrónico a nivel mundial.

Los otros principios no se conocen tan bien. Por ejemplo, Rossman describe el *andon cord*, una adaptación de la empresa

---

[1] *Andon cord* es una innovación de Toyota que ahora es común en muchos entornos de ensamblaje. Los trabajadores de primera línea están facultados para abordar problemas de calidad u otros al detenerse la producción. Onetto, Marc, «When Toyota met e-commerce: Lean at Amazon», *Mckinsey Quarterly*, 2014, 1-7, mckinsey.com/~/media/McKinsey/Business%20Functions/OperationsOur%20 Insights/When%20Toyota%20met%20e%20commerce%20Lean%20at% 20Amazon/When%20Toyota%20met%20e%20commerce%20Lean%20at%20 Amazon.pdf *(N. de t.).*

japonesa Toyota, el cual permite a los empleados tirar de una cuerda para detener la línea de producción y así garantizar la corrección de un defecto antes de que se repita en cada auto. En Amazon los representantes de servicio al cliente pueden retirar un producto para no mostrarlo en la página de venta (conocida al interior de la empresa como página de detalles), de tal manera que el producto defectuoso no se vende a una multitud de clientes.

Existen tantos principios importantes de liderazgo que resulta difícil nombrarlos, pero Rossman admite que, si tuviera que nombrar el más importante y distintivo de Amazon, sería el de «inventar y simplificar». Aunque es un solo principio con dos elementos que se relacionan, se trata de dos fundamentos diferentes. Considera que *inventar* no solo se trata de la siguiente «empresa soñada», sino de miles de pequeñas innovaciones. Si Amazon puede reducir los gastos de envío a un centavo en toda su empresa, es un logro muy importante. Si pueden seguir haciendo esas pequeñas innovaciones, es incluso mucho mejor. Las invenciones también pueden simplificar los procesos, digitales y humanos, acelerar la actividad y ahorrar dinero. Por esta razón, Rossman explora las muchas facetas de inventar y simplificar.

Si me viera obligado a elegir uno de estos principios, más allá de la atención al cliente, sería el de la «designación de líderes enfocados en un objetivo» para las nuevas e importantes iniciativas. Rossman fue contratado para ser el líder de la expansión de Amazon y así permitir a terceros vender en igualdad de condiciones que los vendedores de la misma Amazon. La empresa podría haber solicitado al jefe de ventas al menudeo en línea expandirse en ventas hechas por terceros, en cambio, contrató a un líder cuyo único objetivo era crear la mejor experiencia posible para los vendedores externos. En consecuencia, los clientes de ventas al menudeo no tendrían los retrasos ni disgustos que de otra manera podrían haber experimentado. No por casualidad, Rossman relata que fue contratado después de 23 entrevistas por los miembros del equipo de Amazon (aunque dice que muchas de las sesiones se enfocaron más en observar qué tan creativo podría ser para iniciar el negocio con terceros, lo cual era tal vez otra manera de juzgar su potencial como líder). El negocio con terceros ahora es superior al 50% de la venta al menudeo de Amazon.

Las plataformas empresariales en Amazon no solo permiten vender productos sino, como Rossman señala, son facilitadoras para los individuos y otras empresas. La plataforma de venta al menudeo hace posible que terceros puedan vender sus productos (y en el caso de los escritores, sus libros); mientras que los servicios en línea no solo permiten que los desarrolladores de *software* y las empresas utilicen los vastos sistemas informáticos y de *software* de Amazon, sino que también posibilitan que construyan sus propios sistemas a partir de ellos y, como Netflix, competir con Amazon. Al empoderar a los empresarios, facilitan el crecimiento de miles de individuos y pequeñas empresas, y construyen círculos virtuosos de la misma manera que el propio ciclo basado en el cliente de Amazon. Rossman señala con sabiduría que la atención médica es quizás una de las próximas plataformas de importancia de Amazon.

Rossman ha incluido un nuevo prefacio que recomienda a Amazon y a otras empresas prestar mayor atención a los grupos de interés más allá de los clientes y accionistas; se trata de una «Regla de Oro»: aplicar a los demás lo que quisieras que otros aplicaran en ti. Muchos negocios, Amazon incluido, ya reconocen que el éxito a largo plazo está en riesgo si no pagan y tratan bien a sus empleados, además de ayudar a las comunidades en donde operan. Esta conciencia empresarial se ha intensificado en años recientes y Amazon ha aumentado sus esfuerzos. A menudo es más costoso a corto plazo, pero benéfico a largo plazo. Por ejemplo, Amazon ha ordenado cien mil camiones eléctricos para entregas, que sin duda cuestan más que los vehículos con motor de combustión, pero muestra su compromiso por hacer más de lo que le corresponde para reducir el calentamiento global. También está haciendo un esfuerzo mayor para mejorar la educación básica, y durante la pandemia invirtió varios miles de millones de dólares para aminorar los impactos del virus en la población. No tengo duda de que las empresas pueden y deben hacer más mediante la aplicación de su liderazgo y habilidades de innovación dirigidas a adoptar medidas en donde los gobiernos con frecuencia no lo logran.

Muchas empresas de *software* revenden sus altos márgenes de ganancias y algunas veces alcanzan el 80% o más. Bezos siempre ha planteado que el flujo de efectivo libre, FEL (*Free Cash Flow*, FCF), es más importante, no solo porque el negocio físico de las ventas al menudeo es de márgenes bajos, sino porque como dijo: «¡Los porcentajes no pagan la cuenta de luz, el efectivo sí!». En una escala macro, Bezos preguntaría: «¿Quieres ser una empresa de doscientos millones con un margen de 20% o una de 10 000 millones con un margen de 5%?» De hecho, así es como Amazon ha crecido, al ponderar la inversión por FEL o márgenes de efectivo por encima de los márgenes porcentuales o ganancias por acción a corto plazo. Los reportes de prensa de las ganancias trimestrales de Amazon siempre iban encabezados con la cantidad de crecimiento del flujo de efectivo, aunque las notas siempre subrayaban si Amazon había ganado o perdido algunos centavos por acción. Y la manera en que Amazon aprovecha al máximo el aumento del flujo de efectivo libre es poniendo atención rigurosa en las entradas más que en las salidas. Rossman incluye de manera justificada un apéndice; este detalla el FEL y la unidad de modelo económico de Amazon, lo cual permite a los empleados comprender cómo es que las diferentes decisiones de compra, los procesos de flujo, las rutas logísticas y los escenarios de demanda tendrían un impacto en el flujo de efectivo libre. Todo estudiante de finanzas debería leerlo.

De los principios de Bezos, uno de los favoritos de Rossman (y mío) es el de «minimizar el arrepentimiento». Considero probable que también sea la contribución más singular de Bezos a la filosofía de vida de una persona, así como un principio fundamental de las empresas. Creo que Bezos lo mencionó por primera vez en su discurso en Princeton, su *alma mater*. Tal como lo cuenta Rossman, Bezos explicó cómo tomó la decisión de dejar su bien pagado trabajo en D. E. Shaw & Co. en la ciudad de Nueva York, uno de los principales fondos de inversión libre de Estados Unidos, para mudarse a Seattle y lanzar un nuevo y desconocido comienzo. Bezos se proyectó hasta los 80 años:

Bueno, ahora veo mi vida en retrospectiva. Esperaba tener menos cosas de las cuales arrepentirme. Comprendí que para cuando tuviera 80 años, no me arrepentiría de haber participado en eso que llaman internet, el cual pensé que iba a ser un gran negocio. Me di cuenta de que, si fallaba, no me arrepentiría, y sabía que lo único de lo que podría lamentarme sería no haberlo intentado. Tenía claro que eso me atormentaría todos los días, así que, cuando lo miré de esa manera, se convirtió en una decisión muy fácil.

Buen consejo para todos nosotros.

Tom Alberg es cofundador de Madrona Venture Group y trabaja de forma activa como asesor en Madrona y en su portafolio de compañías. Tom es director de Impinj, una excompañía del portafolio de Madrona que ahora es una empresa pública. «Tom ha formado parte de los consejos de numerosas empresas públicas y privadas, Amazon.com incluida, en la que prestó servicios por 23 años, desde antes de que comenzara a cotizar en la Bolsa en 1997».

Prefacio

Publiqué *Hazlo como Amazon* por primera vez en 2014. Para entonces, ya habían pasado ocho años desde que dejé Amazon como ejecutivo responsable de lanzar la poderosa plataforma empresarial para vendedores externos; en ese momento era asesor y consejero de organizaciones globales y este libro era la mejor manera de perfeccionar y compartir lo que había aprendido.

Un cliente de la Fundación Bill y Melinda Gates me animó a escribir *Hazlo como Amazon* cuando vio de primera mano el impacto de cómo estructuré y utilicé los principios de liderazgo de Amazon para impulsar las estrategias de uso de datos y de tecnología que ayudé a desarrollar en la Fundación Gates. También predijo que el mundo se interesaría cada vez más en entender cómo fue que Amazon pasó de ser un vendedor de libros en línea a ser una transformación para tantas industrias. Esa historia, la historia de disrupción y transformación, es quizá también tu propia historia.

En 2014, Amazon registró ingresos anuales de 88 940 millones de dólares, una nómina de casi 150 000 empleados y una capitalización de mercado de 144 310 millones. Por su parte, el servicio de Amazon en línea, AWS (Amazon Web Services), el innovador producto de la nube, tuvo ingresos de 4 700 millones, y la empresa de Jeff Bezos con sede en Seattle anunció el Fire Phone a 99 centavos con un contrato de dos años.

Desde la publicación de *Hazlo como Amazon*, no solo Amazon ha disfrutado de un crecimiento espectacular, el mundo también ha experimentado un cambio dramático. Amazon tiene un ingreso proyectado de 780 000 millones de dólares[1] para 2023,

---

[1] Sismanis, Nikolaos, «Amazon's Revenue to Double By 2023 Driven By AWS, Ads, And Prime», *Seeking Alpha*. Última modificación: 15 de diciembre de 2019, seeking alpha.com/article/4312603-amazons-revenue-to-double-2023-driven-aws-ads-and-prime.

una plantilla laboral en todo el mundo superior a 1200 000 empleados, y una capitalización de mercado actual por encima de un billón 500 000 millones de dólares, por lo cual, muchos predicen que será la primera empresa en alcanzar los tres billones de dólares en la capitalización de mercado. Más importante aún, la pandemia sacudió nuestro mundo y adelantó entre cinco y diez años el futuro. Entre las muchas tendencias que se aceleraron, una fue el porcentaje total del comercio electrónico al menudeo, que saltó de 10% antes de la pandemia a 20% en 2020.[2] La lista de las innovaciones, de los nuevos negocios, de las adquisiciones y de las estrategias que no le funcionaron a Amazon en el camino hacia esta impresionante empresa es muy larga; no obstante, solo para recordarnos, algunas de las que fueron atinadas: Prime Air, Alexa, la adquisición de Whole Foods, PillPack, Ring, Twitch y Zappos; las librerías Amazon, los servicios de *marketing* de Amazon, los más de 175 productos y los AWS,[3] los Estudios Amazon, Amazon en China (Joyo.com), Amazon en India y los servicios de entrega de Amazon y más de 110 marcas privadas que compiten tanto con vendedores de la plataforma como con propietarios de otras marcas. El año de la pandemia culminó con una transición en dos administraciones: la primera fue la del presidente de Estados Unidos, y la segunda fue el sorpresivo anuncio de que Jeff Bezos dejaba el puesto de presidente ejecutivo de Amazon y Andy Jassy cambiaría de su función como director ejecutivo de los servicios en línea a máximo mandatario de Amazon.

En la base de este libro existen varias preguntas, pero las más destacadas son: ¿cómo sigo creciendo para innovar, para prevenir y posponer la potencial caída que enfrenta todo negocio? ¿Cómo compito en la era de la transformación digital? Bezos responde a estas preguntas de la siguiente manera: «Pronostico que algún día Amazon fracasará. Amazon irá a la bancarrota. Si

---

[2] «Pandemic causes US ecommerce to surge north of 32% in Q4», *Digital Commerce 360*. Última modificación: 19 de febrero de 2021, digitalcommerce360.com/article/quarterly-online-sales/.

[3] «Amazon Web Services», *Wikipedia*. Consultado: 15 de abril de 2021, en en.wikipedia.org/wiki/Amazon_Web_Services.

miras a las grandes empresas, su vida útil suele ser superior a treinta años, no a cien años. Tenemos que intentar retrasar ese día lo más que se pueda».[4]

¿Cómo se entrelazan las cuestiones existenciales de posponer el declive de una empresa, de desarrollar una estrategia para competir en la era de la transformación digital, de crear una máquina de éxito eterno de innovación y crecimiento, de sobrevivir y prosperar a través de la pandemia? ¿Cuál es la *respuesta sencilla* a estas preguntas? La respuesta es el *liderazgo*. Por supuesto que lo es. El liderazgo es el factor más consistente y atribuible al resolver los desafíos empresariales. El liderazgo (o la falta de este) es el factor más predecible en la innovación exitosa. Aunque ha pasado más de una década desde que dejé Amazon, no han cambiado los principios de liderazgo, y estoy convencido de que son la respuesta más sencilla al secreto de su éxito. ¿Acaso los principios de liderazgo necesitan un ajuste dado el gran impulso tecnológico que estamos experimentando? Exploraremos todos estos temas.

Los 14 principios de liderazgo de Amazon

Los 14 principios de liderazgo (también conocidos dentro de la empresa como LP)[5] desempeñan un papel primordial en el trabajo diario en Amazon, para todos los empleados, en todas las juntas, en cada entrevista, en todos los debates y situaciones. *No son un póster en la pared.* No son para todo el mundo ni para cualquier empresa, y deben aplicarse con sabiduría y cuidado. Los principios de liderazgo son la clave para promover el liderazgo y permitir una transición sin contratiempos del icónico director fundador a su confiable lugarteniente de años.

---

[4] Kim, Eugene, «Jeff Bezos to employees: "One day, Amazon will fail" but our job is to delay it as long as possible», *CNBC*. Última modificación: 27 de noviembre de 2018, cnbc.com/2018/11/15/bezos-tells-employees-one-day-amazon-will-fail-and-to-stay-hungry.html.

[5] Sigla en inglés de *Leadership Principles (N. de t.)*.

En Amazon, no puedes elegir y atender solo un par de principios. Según la situación, se deben ponderar los diferentes principios de liderazgo, pero como responsable se te evaluará en relación con todos los demás. Los principios de liderazgo funcionan en conjunto, son un sistema. Cada uno debe aplicarse en el momento preciso. Están entrelazados en la red de Amazon y preparan a la empresa para el futuro. Desafían la destreza de los empleados de Amazon para dar el mejor de los rendimientos. Espero que aprendas de estos principios y que te ayuden a resolver cuestiones vitales de tu organización y carrera como:

- ¿Cuáles son los principios?
- ¿Cuál es la misión?
- ¿Qué esperas de cada empleado?
- ¿Cómo rendir cuentas mutuamente?
- ¿Cómo tomar decisiones?
- ¿Cómo crecer y competir?

No corras a grabar tus principios en piedra. Grábalos en gelatina. Practícalos, ponlos a prueba, discútelos, continúa trabajando en ellos, pero lo más importante, hazlos auténticos y significativos.

Hace mucho tiempo que fui líder en Amazon, desde principios de 2002 hasta finales de 2005. Nos dedicamos a forjar y probar los principios de liderazgo durante mi gestión. No estaban codificados o formalizados. Durante esta fase de la empresa, nuestra ambición de convertirnos en una plataforma y en un negocio con múltiples facetas estaba por tomar forma, pero un vuelco se estaba perfilando, más allá del giro de Amazon hacia las ventas al menudeo. Fui responsable de un aspecto fundamental de esa enorme transformación: el lanzamiento y la ampliación de la plataforma empresarial de Amazon Marketplace, a la que Bezos se ha referido desde entonces como una de las tres ofertas empresariales *de ensueño* de Amazon.[6] Nos esforzamos por establecer cómo

---

[6] Bezos, Jeff, «1997 Letter to Shareholders», *Amazon*. Consultado: 15 de abril de 2021, sec.gov/Archives/edgar/data/1018724/000119312515144741/d895323dex991.htm.

rendir cuentas unos a otros, cómo tomar decisiones, las expectativas de los líderes de Amazon, cómo equilibrar los resultados a corto plazo y cómo crear visiones a largo plazo. Nos dimos el lujo de pensar a lo grande y de tomarnos el tiempo necesario para imaginar el momento en que la empresa sería un titán, y sabíamos que el liderazgo iba a ser la clave. Los 14 principios de liderazgo se forjaron dentro del crisol candente de estos años. Un tiempo en que los recursos eran escasos y el personal se mantuvo a raya (así es, ¡el personal se mantuvo firme en ese entonces!). Amazon ha escrito una gran e impactante historia. Pero, ¿qué sigue?

Los siguientes 25 años

Han pasado poco más de 25 años desde que la empresa se hizo pública[7] en 1997, pero en Amazon todavía es el Día uno. «Nuestro enfoque sigue siendo el mismo, como si fuera el primer día de Amazon», dice Bezos. «Para tomar decisiones rápidas e inteligentes, debes ser listo, innovador y creativo, y centrarte en complacer a los clientes».[8]

En los primeros años, Amazon era una empresa emergente, a menudo incomprendida. Tenía que luchar para seguir siendo relevante, respetada y mantenerse a flote. Es difícil imaginarlo hoy en día, pero en el año 2000, Amazon experimentó más de 2 000 millones de dólares de pérdidas netas y su hoja de balance era un desastre; mientras tanto, la revista *Barron's* publicaba como titular de portada el indignante artículo «Amazon.bomb»[9] y la revista

---

[7] Una empresa de capital abierto, empresa que cotiza en bolsa o sociedad anónima de capital abierto es un tipo de empresa autorizada a ofrecer a la venta sus títulos valores (acciones, bonos, etc.) al público a través de una bolsa de valores o bien, ocasionalmente, a través del mercado extrabursátil. Desde este punto de vista, equivaldría a lo que se conoce como sociedad anónima en el Derecho continental. En algunas jurisdicciones, las empresas públicas superiores a cierto tamaño deben cotizar en bolsa. «Empresa de capital abierto», *Wikipedia*. Consultado: 10 de febrero de 2023, en es.wikipedia.org/wiki/Empresa_de_capital_abierto *(N. de t.)*.

[8] «Help make history starting with Day 1», *Amazon Jobs*. Consultado: 15 de abril de 2021, amazon.jobs/en/landing_pages/about-amazon.

[9] Doherty, Jacqueline, «Amazon.bomb», *Barron's*. Última modificación: 31 de mayo de 1999, barrons.com/articles/SB927932262753284707.

Slate de 1997 el artículo «Amazon.con».[10] También ganó la reputación de ser un socio comercial complicado. Los ejemplos incluyen un desagradable pleito legal en 2003 con Toys R Us (el cual tuve que gestionar); un pleito en 2014 con la editorial de libros Hachette, que puso a autores y a editores en contra de Amazon; y en 2015 el artículo de David Streitfelt en el *New York Times*, en el que se hacían afirmaciones que sugerían abuso laboral.[11] Para entender Amazon como organización, hay que comprender de dónde vienen. Se dudó de ellos, se les ridiculizó, fueron objeto de burla, tuvieron dificultades, pero sobrevivieron y forjaron una cultura.

Hoy no es diferente y los ataques parecen acelerarse y llegar de ángulos diferentes. En la actualidad, Amazon es blanco de ataques por las inseguras condiciones de trabajo y el exceso de presión en los empleados de los almacenes; por una controvertida estrategia comercial llamada HQ2,[12] una segunda sede corporativa, que exigía grandes incentivos fiscales para Amazon, y por la falta de pago de impuestos federales, pese a que generaba más de 300 000 millones de ingresos.

En diciembre de 2020, una coalición internacional de más de cuatrocientos políticos de 34 países en colaboración con una amplia variedad de organizaciones laborales y medioambientales creó una campaña llamada «Haz que Amazon pague». Esta campaña alega que Amazon priva de ingresos fiscales a las sociedades anfitrionas.

El pronunciamiento por una supervisión reguladora de Amazon va en aumento tanto en Estados Unidos como en Europa. El gran tamaño de la empresa ha causado un conflicto inherente:

---

[10] Chait, Jonathan y Glass, Stephen, «"Earth's Biggest Bookstore"? Pshaw. Cheaper, faster, and more convenient? Pshaw again», *Slate*. Última modificación: 5 de enero de 1997, slate.com/news-and-politics/1997/01/amazon-con.html.

[11] Kantor, Jodi y Streitfeld, David, «Inside Amazon: Wrestling Big Ideas in a Bruising Workplace», *The New York Times*. Última modificación: 15 de agosto de 2015, nytimes.com/2015/08/16/technology/inside-amazon-wrestling-big-ideas-in-a-bruising-workplace.html.

[12] Se refiere a la segunda sede corporativa de Amazon *(N. de t.)*.

al ser Amazon dueña del mercado, la agencia publicitaria, propietaria de una marca privada (tiene más de 110 marcas comerciales con más de 22000 productos, que se duplicaron de 2018 a 2020)[13] y poseedora de los datos que vinculan toda esta información, llama la atención de los reguladores. Pero son los valores de Amazon por el desarrollo los que dan lugar a reportajes de investigación, como el titular de primera plana del *Wall Street Journal*: «El problema de Amazon: es un gigante que actúa como una empresa emergente»,[14] con múltiples ejemplos de estos conflictos que dan como resultado potenciales prácticas de comercio desleal.

Esto es solo el principio del escrutinio y el ridículo a los que Amazon se enfrentará. Por el éxito, el tamaño y el alcance de sus negocios, llama mucho más la atención, para bien o para mal, que cualquier otra empresa. ¿Cómo podría Amazon aprovechar sus principios de liderazgo para refrenar un poco la prensa negativa? ¿Cómo dejar de actuar a la defensiva y empezar a actuar a la ofensiva ante estas críticas?

Ahora que Amazon ha cambiado a un nuevo director general con un negocio y una cultura prósperos, pero al parecer bajo ataque desde varios frentes, ¿cómo se prepara para los próximos 25 años?

Con esto en cuenta, presento un decimoquinto principio de liderazgo que Amazon, su consejo directivo (incluido Jeff Bezos) y Andy Jassy, director ejecutivo, deben considerar. No sustituye los demás principios, de hecho, orienta la forma de administrarlos. Este principio de liderazgo, al igual que los otros, debe utilizarse de la manera correcta, en el momento adecuado y con sabiduría porque debe cumplirse al igual que el resto.

---

[13] Davis, Don, «Amazon triples its private-label product offerings in 2 years», *Digital Commerce 360*. Última modificación: 20 de mayo de 2020, digitalcommerce360. com/2020/05/20/amazon-triples-its-private%E2%80%91label-product-offerings-in-2-years/.

[14] Mattioli, Dana, «How Amazon Wins: By Steamrolling Rivals and Partners», *The Wall Street Journal*, 22 de diciembre de 2020, wsj.com/articles/amazon-competition-shopify-wayfair-allbirds-antitrust-11608235127.

Principio 15 de liderazgo sugerido: la Regla de Oro

Trata a los demás como te gustaría que te trataran: empleados, proveedores, socios, marcas, pequeñas empresas, competidores, prensa, críticos, comunidad. Contribuye y sé un administrador líder de tu comunidad. Fomenta y ejerce presión, no para tus mejores intereses, sino para la innovación futura y los intereses de la competencia. Compórtate, tanto en el ámbito personal como en el empresarial, de tal forma que tu madre y tus hijos se enorgullezcan. Siempre.

Trata a los demás como te gustaría que te trataran a ti. Sé sincero. Respeta las marcas, la propiedad intelectual y las demás empresas. No busques ventajas comerciales injustas. Invierte y anima a tus empleados a contribuir a su comunidad. Sé líder en todo lo relacionado con la seguridad, la inclusión y el bienestar de los empleados. ¡Ya estás llevando a cabo estas acciones! La expectativa es que este principio de liderazgo sea un mensaje para todos, para quienes son líderes en estos temas.

Los programas y los ejemplos en los que Amazon demuestra este principio de liderazgo hoy en día son amplios y en gran medida no son tomados en cuenta ni por la prensa ni los políticos. Ha donado más de cien millones de dólares a organizaciones de beneficencia a través de su programa AmazonSmile.[15] Además, ha puesto en marcha los programas Aprendizaje Técnico para Veteranos (*Technical Veterans Apprenticeship*)[16] y Elección de Carrera (*Career Choice*);[17] ambos representan grandes inversiones en formación y educación para los veteranos estadounidenses. Amazon

---

[15] «Amazon Announces $100 Million Donated to Charities through AmazonSmile», *Businesswire. A Berkshire Hathaway Company.* Última modificación: 29 de octubre de 2018, businesswire.com/newshome/20181029005212/en/Amazon-Annouces-100-Million-Donated-Charities-AmazonSmile.

[16] «Our Military Commitment», AWS. Consultado: 15 de abril de 2021, aws.amazon.com/careers/military/.

[17] «Amazon Career Choice», www.amazoncareerchoice.com/home.

también ha prometido más de cincuenta millones de dólares para educación en Ciencia, Tecnología, Ingeniería, Matemáticas y en Ciencias de la Computación.[18] Cuando el senador Bernie Sanders y otros pidieron que se mejoraran los salarios y las condiciones de los trabajadores, Bezos elevó su salario mínimo a 15 dólares. En una carta de 2019 a los accionistas, Bezos explicó que «parecía lo correcto».[19] En enero de 2021, Amazon anunció un programa de préstamos y subvenciones por un valor de 2 000 millones de dólares para promover la vivienda accesible en las tres ciudades en las que más ha afectado la asequibilidad: Seattle, Arlington Virginia y Nashville.[20] Al igual que Bezos dio un giro al aumentar el salario mínimo de forma generalizada, la Regla de Oro establecería un punto de referencia para el futuro de Amazon. Este principio de liderazgo se necesita en todas las grandes empresas, en especial en las tecnológicas, no solo es para Amazon, puesto que el poder de los datos y los algoritmos impacta de manera profunda en nuestra sociedad y en la competencia.

Aunque los primeros 25 años de Amazon fueron históricos, deseo que lleguen los próximos 25. Con los principios de liderazgo como guía —ojalá con alguna versión de la Regla de Oro—, Amazon está enfilada hacia el éxito empresarial y el impacto positivo en la sociedad. Espero que todas las empresas se unan para fortalecer la competencia y el liderazgo.

John Rossman
Marzo de 2021

[18] Bezos, Jeff, «2018 Letter to Shareholders», *Amazon*. Última modificación: 11 de abril de 2019, aboutamazon.com/news/company-news/2018-letter-to-shareholders.

[19] Bezos, Jeff, «2018 Letter to Shareholders», *Amazon*. Última modificación: 11 de abril de 2019, aboutamazon.com/news/company-news/2018-letter-to-shareholders.

[20] «Amazon pledges $2B for affordable housing in 3 US cities», *AP NEWS*. Última modificación: 6 de enero de 2021, apnews.com/article/amazoncom-inc-seattle-39b9eb26704cdff5fe3b6aeb047f2d6d.

Introducción

Con menos de un año de experiencia como director de integración comercial de Amazon, todavía se me considera el chico nuevo. En este momento, estoy sentado en una sala de conferencias en la sede central de la empresa en Seattle, rodeado del que llaman Equipo S o superequipo,[1] un grupo que incluye a los veinte ejecutivos expertos de Amazon, y resulta que soy el centro de atención. Por desgracia, esto se debe a que el fundador y director ejecutivo, Jeff Bezos, se siente frustrado.

Todas las miradas se dirigen a mí cuando Jeff me hace una simple pero engañosa pregunta: «¿Cuántos comerciantes se han lanzado desde el primer día del año?».

La pregunta me desconcierta, pues, hasta el momento, no hay vendedores externos (*comerciantes,* en la jerga de Jeff) para promocionar, lo cual está fuera de mi control directo.

Me disculpo y respondo: «Bueno, verás. Ahora mismo...».

Antes de que pueda terminar, Jeff estalla: «¡La respuesta a esa pregunta comienza con un *número*!».

La reputación de Jeff de manifestar sus emociones de manera explosiva ya forma parte de su leyenda. A Jeff no le preocupan tus sentimientos; le importa un bledo si tienes un buen día o no. Solo le importan los resultados, y más vale que sean los correctos. Todos los que se integran a Amazon lo entienden, es parte del trato. Pero esta es la primera vez que me encuentro en el extremo de su azotadora furia de hombre de negocios, y estoy más que conmocionado por la experiencia.

Dudo, en mi cabeza hago malabares frenéticos con las posibles respuestas. Por fin, tomo un gran trago y le ofrezco la sencilla respuesta que me pide: «Seis, pero...». Jeff se abalanza como un

---

[1] En inglés *S-Team,* el equipo de ejecutivos expertos de Amazon *(N. de t).*

león que desgarra el suave vientre de su presa. «¡Es la respuesta más patética que he escuchado hasta ahora!».

La vociferación que sigue no es un simple ejercicio de humillación ni una especie de juego de poder diseñado para reforzar el estatus de Jeff como el macho alfa de Amazon. Es un ejercicio educativo que utiliza esta situación como una oportunidad para dar un ejemplo y transmitir una serie de mensajes culturales, estratégicos y operativos a los líderes de la empresa. El sermón es clásico de Jeff porque, a pesar de su estruendoso volumen y tono, contiene lecciones valiosas sobre los principios que definen a Amazon. En los siguientes cinco minutos, Jeff aborda media docena de estos principios mientras describe mis deficiencias con doloroso detalle. Me reprende por no haberme obsesionado lo suficiente por el cliente, por no haber asumido la responsabilidad total de mi proyecto y de sus resultados, por no haber establecido normas más estrictas para mí y mi equipo, por no haber pensado lo suficientemente en grande, por no tener una predisposición a la acción y por no haber sido firme y verbalmente autocrítico cuando era claro que mi rendimiento era deficiente. En todo momento, estoy clavado a mi silla como si fuera la fuerza tormentosa de un huracán.

Cuando la diatriba de Jeff al fin termina, abandona la sala sin decir nada más y, así tal cual, la junta con el superequipo ha terminado. Mientras me permito respirar de nuevo, procesando lo que acaba de suceder, me doy cuenta de que muchos de los otros ejecutivos me sonríen, no de forma desagradable. Algunos cuantos me felicitan mientras recogen sus cosas y salen de la sala de conferencias.

«Le agradas», explica uno de ellos mientras me da una palmada en el hombro. «No se tomaría el tiempo de avergonzarte de tal forma si no fuera así».

En la penumbra, salgo de la sala de conferencias, tomo mis apuntes y me pregunto cómo es que sigo contratado. «¿Cómo puede alguien resistir la severa prueba de las expectativas de Jeff?». Me pregunto.

La clave está, por supuesto, frente a mis narices. De hecho, está disponible al público en el sitio web de Amazon si sabes dónde buscar.[2] En esa reunión, Jeff casi me golpeó la cabeza con eso: los 14 principios de liderazgo que dirigen a Amazon, del primero al último. En ese momento, los principios de liderazgo no estaban escritos ni codificados. Los estábamos elaborando, tratando de entender en qué creíamos, cómo trabajábamos juntos, cómo tomábamos decisiones, etc. En este sermón, Jeff me decía que «actuara como propietario» (segundo principio de liderazgo), y aunque mi título era el de director de integración comercial, y muchas funciones dependientes del negocio del mercado no me eran reportadas, Jeff esperaba que ignorara las convenciones que todos suelen respetar, como los «puestos de trabajo» y los organigramas formales, y que dirigiera el negocio del mercado. No necesité que me lo dijeran dos veces: lección aprendida.

¿Cómo es que Jeff Bezos ha construido una empresa, una cultura y un legado que cumplen con los más altos estándares? A diferencia de la mayoría de las organizaciones, los principios de liderazgo de Amazon no son simples reglas generales para las nuevas contrataciones ni palabrería vacía de los objetivos de la empresa que se encuentra enterrada en el manual del empleado. Son principios fundamentales con los que se califica con rigor a los líderes de la empresa durante sus revisiones anuales de rendimiento y autoevaluaciones. De hecho, como líder o potencial líder en Amazon, se espera que lleves un registro de ejemplos concretos de cómo incorporar los 14 principios de liderazgo y que estés preparado para citarlos cuando te lo soliciten.

Este libro no es un relato del tiempo que pasé en Amazon. El hecho es que, después de dejar la empresa para fundar Rossman Partners, no era mi intención pensar mucho sobre mis años en Amazon. Sin embargo, cuando tuve que enfrentar la amplia gama de retos que planteaban mis clientes en distintos campos que iban desde la tecnología y la producción hasta el comercio al menudeo, e incluso la filantropía, me encontré con mucha frecuencia refiriendo estrategias, técnicas de gestión y enfoques que

---

[2] «Amazon Leadership Principles», amazon.jobs/principles.

había experimentado en Amazon. Al principio, ni siquiera me daba cuenta de que lo hacía. Fue cuando un colega me dijo:

—¿Sabes? Deberías escribirlos.

—¿Escribir qué? —pregunté.

—Todos esos aprendizajes de Amazon. Siempre los utilizas. Podrías plasmarlos todos en un solo lugar. Apuesto a que será de gran interés para muchos. Para mí lo sería.

Decidí intentarlo. Empecé a esbozar los conceptos, las lecciones, las estrategias y los enfoques que había aprendido, observado y practicado en Amazon. Para mi sorpresa, a pesar de que habían pasado siete años desde que dejé la empresa, el contenido estaba justo ahí, al alcance, listo para ser transcrito y organizado. Al poco tiempo, me di cuenta de que las lecciones se habían agrupado en 14 principios de liderazgo.

¿Qué hace a los principios de Amazon tan inolvidables, incluso para un antiguo aprendiz que no había hecho un gran esfuerzo por recordarlos? La respuesta tiene mucho que ver con la razón por la que Jeff Bezos se puso tan furioso ante mi informe sobre la integración de vendedores en aquella junta de 2003 con el superequipo. Los líderes de Amazon trabajan duro para definir de manera precisa su forma de pensar: dejan claro no solo lo que deciden, sino los motivos exactos por los cuales tomaron una decisión. Esta búsqueda de claridad ha creado una organización cuyas acciones se basan en una filosofía específica y en un conjunto coherente de valores y principios. Es una forma de acertar en los detalles y hacer que la empresa progrese de manera exitosa, algo que Amazon ha hecho tal vez mejor que cualquier otra compañía en la historia.

Animado por la sugerencia de mi colega, decidí convertir mis notas en un libro. Lo he hecho corto y, espero, agradable de leer. Me he esforzado por presentar los principios de la forma más clara y directa posible. Cuando hablo del libro, suelo decir que mi objetivo es que pueda leerse completo en un viaje en avión con una copa (quizá dos) de vino. Para la tercera edición revisada de *Hazlo como Amazon*, he realizado entrevistas y he investigado cientos de interpretaciones e historias actuales de los ejecutivos de Amazon sobre los principios de liderazgo, además, he añadido muchas ideas nuevas. Pero el poder de los principios radica en que, a pesar de que se transforman, tienen una evolución lenta, pues «aquello en lo que creemos» no cambia año tras año. Aunque ha pasado mucho tiempo desde que estuve en Amazon, la forma en que consideran el liderazgo, el tipo de empresa que se esfuerzan por ser y la manera en que forjan su cultura es en gran medida la misma. Estos principios han enriquecido mi vida y a las empresas en las cuales he participado desde entonces. Espero que consigas algo en verdad valioso al descubrir cómo aplicarlos en tu vida y en tu negocio.

Capítulo 1. Pasión por el cliente

Los líderes toman al cliente como punto de partida y trabajan de adelante hacia atrás. Trabajan con ahínco para ganar y mantener la confianza del cliente. Aunque los líderes prestan atención a sus competidores, se obsesionan con los clientes.

La pasión de Jeff Bezos por los clientes es algo que va más allá de una mera manía: es una obsesión que ha generado muchas de sus diatribas más sulfúricas o, más a menudo, comentarios sarcásticos hacia los asociados de Amazon que no han alcanzado su propio estándar de servicio al cliente. Esto se debe a la capacidad única de Jeff de ponerse en el lugar del cliente, de deducir sus necesidades y deseos latentes y, en seguida, desarrollar un sistema que los satisfaga mejor que nadie, como nunca antes.

Este enfoque de negocios es la base de la genialidad de Jeff. Antes de que las redes sociales revolucionaran el mundo de la venta al menudeo con sus vastas y transparentes redes que vinculan a las empresas, a los consumidores, a los clientes potenciales y a los detractores; antes de que empresas como Zappos. com hicieran de la atención al cliente la base de su modelo de negocio, e incluso mucho antes de que Jeff hubiera llevado a cabo su propia visión de Amazon, él ya tenía interiorizado muy en lo profundo dos verdades sobre la atención al cliente:

- Cuando una empresa no hace feliz a una cliente, esta no se lo contará a una amiga o a dos o a tres; se lo contará a muchas, a muchas más.

- El mejor servicio de atención al cliente es *el que no existe*, es decir, la mejor experiencia se produce cuando el cliente no tiene que pedir ayuda, nunca.

Considero que las lecciones aprendidas desde los primeros días en Amazon aumentan la importancia de la pasión por el cliente. Primero, la mejor manera de innovar es pensar con agudeza y a grandes rasgos sobre la amplia experiencia del cliente y sus necesidades. Segundo, una buena forma de evitar la burocracia, la segmentación de dependencias y los señalamientos es centrarse en la pasión por el cliente.

Por supuesto, un modelo de negocio que no requiera ningún servicio al cliente es tan irreal como una máquina que siempre está en movimiento. Pero muy pronto, con la revolución de la internet, Jeff se dio cuenta de que el modelo de venta en línea elevó el parámetro de lo posible. Reconoció hace tiempo que la mayor amenaza para la experiencia del cliente eran seres humanos que se involucraban y estropeaban todo. El corolario lógico residía en que, para crear una experiencia del cliente más agradable y sin fricciones, la clave era minimizar la participación humana mediante la innovación de los procesos y la tecnología.

> La mayor amenaza para la experiencia del cliente eran seres humanos que se involucraban y estropeaban todo.

Claro que Amazon todavía necesita de seres humanos. A lo largo de este libro, hablaremos de las técnicas que Jeff desarrolló para contratar, evaluar y retener a los mejores talentos del mundo. No obstante, el objetivo de Amazon siempre ha sido minimizar el tiempo y la energía que su gente talentosa debe dedicar a las interacciones rutinarias del servicio, liberándola para crear nuevas formas de deleitar al cliente.

La visión de Jeff condujo a algunas tácticas contraintuitivas. A finales de la década de 1990, Amazon dificultó adrede la búsqueda del número de atención a clientes, lo cual confundió por un momento a algunos analistas, quienes pensaron que la medida reflejaba una actitud de desprecio hacia los compradores. No obstante, los mismos clientes no tardaron en darse cuenta de que los ingenieros de Jeff habían creado una tecnología robusta que les permitía atender sus solicitudes de servicio de forma casi instantánea y sin intervención humana. No fue tan difícil como podría parecer. Al fin y al cabo, 98% de las preguntas de los clientes de un minorista como Amazon se reduce a «¿dónde está mi mercancía?». Una herramienta de seguimiento en línea, que permite al cliente saber dónde se encuentra su envío desde el almacén hasta la puerta de su casa, elimina la necesidad de un gran y costoso centro de atención telefónica, así como la enorme cantidad de fricciones organizacionales que genera.

Jeff creía que a las personas no les gusta hablar con los representantes de atención al cliente. Y tenía razón. Todo lo que tuvo que hacer fue proporcionar los datos, las herramientas y conducir a los clientes para responder sus propias preguntas. Ahora los clientes esperan y exigen una tecnología de autoservicio de atención al cliente que no les implique ningún esfuerzo, un concepto explicado por Bill Price y David Jaffe en su libro de 2008 *The Best Service is No Service*. Entre menos fricción exista en la experiencia, más fieles serán los clientes y menores los gastos de control. Esto también incluye los costos de *marketing* y publicidad. Price y Jaffe explican: «Amazon ha conseguido reducir en 90% sus contactos por pedido, CPP (*contacts per order*, CPO), lo que significa que ha mantenido estables los costos de atención al cliente (personal y gastos operativos asociados), y ha aumentado nueve veces los pedidos (ingresos), lo cual ha contribuido en gran medida a la rentabilidad de la empresa a partir de 2002».[1]

El mejor servicio de atención al cliente funciona sin esfuerzo y produce increíbles beneficios tanto para los clientes como para la empresa que los atiende. Por ejemplo, el revolucionario

---

[1] Price, Bill y David Jaffe, *The Best Service is No Service: How to Liberate Your Customers from Customer Service, Keep Them Happy, and Control Costs*, Jossey-Bass, 21 de marzo de 2008.

37

programa de Envío Gratuito de Amazon, lanzado en noviembre de 2000. Al principio se llamaba «Super Saver Shipping» (oferta de envío superahorrador) y solo era válida para pedidos superiores a los cien dólares. En lugar de pagar por la publicidad, Amazon invirtió su dinero en el envío gratuito, lo que dio lugar a una difusión de boca en boca por parte de los clientes, la forma de publicidad más eficaz (y más barata) del mundo. Lo anterior generó un círculo virtuoso: al sacrificar las finanzas a corto plazo en beneficio de los clientes, la estrategia impulsó el beneficio competitivo y financiero a largo plazo. «En el viejo mundo, dedicabas 30% de tu tiempo a crear un gran servicio y 70% a gritarlo», explicó Jeff. «En el nuevo mundo, eso se invierte».[2]

En aquel momento, el envío gratuito parecía una estrategia radical y arriesgada. Ahora los clientes lo esperan. De hecho, la mayoría da por hecho que las empresas pagarán también los gastos de envío de las devoluciones, una de las formas en que Amazon ha elevado el estándar del servicio al cliente para innumerables empresas.

El círculo virtuoso se vuelve fractal: el efecto del volante[3]

Benoit Mandelbrot fundó el campo de las matemáticas fractales, que estudia (entre otros fenómenos) cómo los patrones de la naturaleza tienden a repetirse en diferentes escalas; por ejemplo, la forma en que las galaxias en espiral se asemejan a la espiral de las conchas marinas que, a su vez, se parecen a las diminutas frondas desplegadas de los helechos. De la misma manera fractal, el círculo virtuoso se repite en todo Amazon a niveles macro y micro; genera un conjunto de energías que se refuerzan a sí mismas y que siguen fluyendo incluso cuando la fuente de energía es discontinua, muy parecido a un volante, un diagrama de sistemas

---

[2] «Inside Amazon's Idea Machine», *Forbes*, 23 de abril de 2012.
[3] «El efecto del volante» es un concepto introducido por Jim Collins en su libro *Good to Great* (HarperCollins, 2011; *n. del e.*).

simple de un modelo de negocio, lo cual es la metáfora favorita para este fenómeno en Amazon.

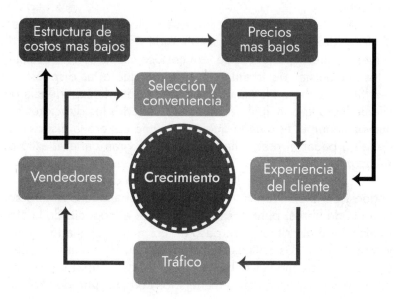

Figura 1.1. El efecto del volante: cómo una experiencia optimizada del cliente y el aumento de clientes se retroalimentan en un círculo virtuoso.

Aquí incluyo un ejemplo de cómo funciona el «efecto del volante» (figura 1.1). Jeff no se centra en los márgenes. Se centra más en el flujo de efectivo libre, es decir, el efectivo que una empresa es capaz de generar después de desembolsar el dinero necesario para mantener o ampliar su base de activos. ¿Por qué? Porque Jeff cree que el potencial de crecimiento de internet es gigantesco y todavía falta por explotarlo. Para Jeff, el año es 1889, y la fiebre por la tierra de Oklahoma está en marcha o, como le gusta decir, todavía es el Día uno de internet. Así que está dispuesto a rebajar los precios y crear programas como el del envío gratuito para ganarse la lealtad de los clientes e impulsar el crecimiento de las ventas hacia las inimaginables alturas que prevé. Después, invertirá los ingresos generados de nuevo en la *santísima trinidad*: precio, selección y disponibilidad (hablaré al respecto más adelante).

A veces, la palanca que hay que accionar con el fin de crear el efecto del volante puede estar atorada y ser difícil de mover. El esfuerzo que supone puede ser costoso, incluso doloroso. Jeff y los accionistas de la empresa tuvieron que estar dispuestos a sacrificar mucho en los inicios, con tal de que la experiencia del cliente fuera la principal beneficiada. No todos los directores ejecutivos tienen el estómago que esto requiere. Pero la disposición de Jeff a pagar el precio ha producido en gran parte el éxito de Amazon.

En julio de 1999, Jeff decidió introducir a Amazon en el negocio de la electrónica. La empresa ganaba mucho dinero con la venta de libros, pero él sabía que entrar al negocio de la electrónica sería el primer gran paso en un mundo ilimitado de nuevos mercados. Los críticos dudaban de que funcionara. Muchos dijeron que los clientes debían ver y tocar los equipos en una sala de exposición y aprender a manejarlos con la ayuda de profesionales. Estos críticos, entre los que se encontraban muchos de los principales fabricantes, como Sony, así como analistas de Wall Street, necesitaban convencerse de que Amazon era capaz de vender productos electrónicos en gran volumen como un líder de los «precios bajos todos los días». Hasta que no los convencieran, el negocio de electrónica de Amazon se enfrentaría a una dura batalla, que incluía una estructura de costos demasiado elevada para las modestas ventas que generaría al inicio.

La mayoría de los minoristas no están dispuestos a operar en números rojos en ningún momento. Jeff lo estaba. Y aunque no fue grato por algún tiempo (lo que confirmaba las advertencias de los escépticos de Wall Street), al proporcionar suficiente información y un proceso de devolución sin fricciones, Amazon acabó creando el tipo de volumen de ventas que convenció a los vendedores y a los grandes fabricantes de que la gente compraría tecnología compleja en línea. Jeff había apostado a que sus clientes eran lo bastante inteligentes como para descubrir la electrónica por sí mismos, y ganó.

Una vez que ese volante comenzó a girar, la energía generada fue enorme. El éxito de Amazon en el mercado de la electrónica puso en marcha un círculo virtuoso de expansión de los mercados de comercio electrónico que sigue girando hasta hoy.

Necesidades permanentes de los clientes

La estrategia de Amazon incluye un gran precio en casi todos los productos que vende. Pero no se basa solo en el precio. Una amplia selección y una disponibilidad rápida y cómoda, con una gran entrega y servicio, son elementos básicos para las necesidades a largo plazo de los clientes. Así, precio, selección y disponibilidad son los tres deseos permanentes y universales del cliente que Amazon considera como su santa trinidad.

> Precio, selección y disponibilidad son los tres deseos permanentes y universales del cliente que Amazon considera como su santa trinidad.

Ofrecer todo, conseguirlo más barato y facilitar la disponibilidad. Las modas, los gustos, los tipos de productos y los formatos cambian, pero la santa trinidad no lo hará. Es por ello que Jeff Bezos adoptó esta estrategia desde los primeros días de Amazon. Aquí incluyo un extracto de su primera carta, en 1997, a los accionistas de Amazon:

> Desde el principio, nuestro enfoque ha sido brindar a nuestros clientes un valor convincente. Nos dimos cuenta de que la Web era, y sigue siendo, la World Wide Wait.[4] Por lo tanto, nos propusimos ofrecer a los clientes algo que no podrían obtener de otra manera, y comenzamos a proveerles libros. Les trajimos mucha más selección de lo que era posible

---

[4] Juego de palabras con *World Wide Web*, «red informática mundial» y *World Wide Wait,* «red de espera mundial» *(N. de t.).*

41

encontrar en una tienda física (nuestra tienda ahora ocupaba seis campos de futbol), y la presentamos de manera accesible, con una búsqueda fácil y con un formato de navegación sencillo en una tienda abierta los 365 días del año, las 24 horas del día. Nos mantuvimos enfocados en mejorar la experiencia de compra, y en 1997 optimizamos nuestra tienda. Ahora ofrecemos a nuestros clientes certificados de regalo, compras 1-Click (sm),[5] y muchas más reseñas, contenido, opciones de navegación y recomendaciones. Bajamos de forma dramática los precios, lo que aumentó aún más el valor para el cliente. La publicidad de boca en boca sigue siendo la herramienta de adquisición más poderosa que tenemos, y estamos agradecidos por la confianza que nuestros clientes han puesto en nosotros. Las compras periódicas y esta forma de difusión se han combinado para hacer de Amazon el líder en el mercado de ventas de libros en línea.[6]

Precio, selección y disponibilidad: todos los elementos de la santa trinidad están ahí. Por cierto, Jeff ha adjuntado esta carta de 1997 a la parte posterior de todas las misivas que ha escrito desde entonces a los accionistas. Y repite el mismo mantra cada vez que puede. En 2004, lo acompañé cuando dio una charla ante el equipo directivo de Target, el gran minorista. Jeff habló de las «necesidades permanentes de los clientes» y explicó que, si defines tu negocio en torno a este conjunto de necesidades, puedes tener una mejor orientación sobre cómo crecer e innovar. En el caso de Amazon, Jeff dijo: «nunca podría imaginar un mundo en el que un cliente quiera menos selección, precios más altos o una entrega más lenta». Continuó diciendo que estas necesidades permanentes de los clientes fueron la forma en que visualizó a Amazon para seguir creciendo e innovando. ¿Adivinen qué? Más de 15 años después, en el negocio de venta al menudeo de Amazon, estas necesidades siguen siendo las principales áreas de inversión e innovación.

---

[5] 1-Click es una marca de servicio, Service Mark (sm) en inglés *(N. de t.)*.
[6] Bezos, Jeff, «1997 Letter to Shareholders», *Amazon*, 30 de marzo de 1998.

Veamos con más detalle los tres elementos de la santa trinidad y consideremos cómo Amazon ha construido su negocio en torno a cada uno.

Precio. La estrategia de precios bajos de Amazon está bien documentada. Durante casi dos décadas, Jeff ha demostrado que está dispuesto a ganar menos en un artículo —o en toda una línea de productos— a corto plazo para garantizar el crecimiento del negocio a largo plazo. Sin embargo, la obsesión de Jeff por los precios no tiene límites. Aquí un ejemplo:

Durante mis años en Amazon, todo el mundo entendía que nuestro objetivo era ser líder en precios bajos todos los días. Para lograrlo, teníamos que asegurarnos de que nuestros precios fueran iguales a los de nuestros competidores homólogos: Walmart, Best Buy y Target. En una reunión del superequipo, alguien opinó: «Si el minorista con el precio más bajo no tiene el artículo en stock, no deberíamos igualar el precio. ¿Por qué sangrar el margen sin motivo?».

Jeff se opuso de inmediato, y señaló que eso podría ser contraproducente. Si los clientes vieran que nuestro precio es más alto, comprarían a regañadientes un artículo no disponible en otro sitio, pero la transacción les dejaría un sabor de boca amargo que asociarían con Amazon. Jeff rechazó la idea de proteger nuestro margen de ganancia, subrayando que lo importante es lo que piensan los clientes.

Por supuesto, una estrategia de precios de bajo margen está bajo asedio de manera constante. Recientemente, la presión ha venido de algunos competidores difíciles: los minoristas tradicionales.[7] Un analista de BB&T Capital Markets causó sensación en los medios de comunicación cuando informó que los precios que cobraba el minorista Bed, Bath & Beyond de una «canasta» representativa de treinta artículos habían disminuido del 9%, por encima de los que cobraba Amazon (a principios de 2012), al 6.5% por debajo de los de Amazon (en agosto de 2013).[8] Otros

[7] Con minoristas tradicionales se refiere a negocios minoristas en establecimientos fijos o de tiendas físicas *(N. de t.)*.
[8] «Amazon Losing Its Price Edge», *The Wall Street Journal*, 20 de agosto de 2013.

minoristas tradicionales, como Best Buy, ofrecen garantías para igualar los precios de Amazon. Debido a factores como el desplome de precios de los bienes raíces, a la progresiva nivelación de los impuestos sobre las ventas entre minoristas *online* y *offline* y al mayor margen de acción para reducir los precios entre los comerciantes de la vieja escuela, con márgenes de ganancias sanos (como los que disfruta hoy por hoy Bed, Bath & Beyond), la ventaja de precios de Amazon, alguna vez enorme, sobre los minoristas tradicionales se está desvaneciendo. Una de las grandes interrogantes para el futuro de la empresa es cómo responderá Amazon a esta creciente competencia.

Selección. Desde el principio, el objetivo de Jeff Bezos fue convertir a Amazon en una fuente de cualquier cosa que un cliente quisiera comprar, empezando por un surtido inigualable de libros y otros productos multimedia, que se expandió hasta incluir una gama ilimitada de productos.

Por supuesto, intentar convertirse en «la tienda de todo» (como se describe en el título del excelente libro de Brad Stone de 2013 sobre la historia de Amazon) no es nada fácil. Cuando Jeff no pudo averiguar cómo ampliar orgánicamente Amazon para ofrecer la gran variedad de productos que imaginaba, se formó la idea de la plataforma empresarial para la compraventa de productos. El mundo estaba repleto de gente que ya vendía de todo lo habido y por haber. Jeff me contrató para encontrar una forma de cohabitar con ellos bajo el amparo de la marca Amazon (véase capítulo 8, «piensa en grande»).

En resumen, al final descubrimos cómo vender de todo sin tener una gran carga de inventario ni el riesgo que conlleva. Hoy en día, la escala a la que opera Amazon es casi infinita, pues proporciona riqueza y variedad a la experiencia del cliente, lo que habría sido imposible hace unos años. *¿Qué busca? ¿Uranio? Sí. ¿Un conejo fresco y entero? Claro. ¿Curitas con forma de tocino? Entendido.* Si puedes imaginarlo, es probable que puedas comprarlo en Amazon. Y cuantos más productos fuera de lo ordinario descubren los clientes cada vez que navegan por el sitio de Amazon, se convierte en su lugar predeterminado para cualquier compra que quieran hacer, lo cual provoca que el volante gire aún más rápido.

Disponibilidad. Cada vez que Amazon recibe un pedido de un cliente, ofrece un tiempo de entrega previsto para el paquete, lo que Amazon llama «la promesa». ¿Por qué el lenguaje tan comprometedor? Porque Jeff sabe que, en los negocios, hay fuertes consecuencias para los que no tienen un artículo o no pueden conseguirlo rápidamente para el cliente. Desgracia para aquellos que no logran honrar cualquiera de los elementos de la santa trinidad, incluida la disponibilidad conveniente y oportuna.

Un año pedimos cuatro mil iPods rosas a Apple para Navidad. A mediados de noviembre, un representante de Apple nos contactó para decirnos: «Hay un problema, no podemos realizar la entrega de Navidad. Se está haciendo la transición de una unidad de disco a una memoria de disco duro en los iPods, y no queremos que se utilice más la tecnología anterior. Una vez que tengamos los nuevos dispositivos, les conseguiremos sus cuatro mil. Pero no estarán listos para la Navidad».

Otros minoristas tan solo se habrían disculpado con sus clientes por el error de no entregar un producto a tiempo. Pero eso no iba a suceder en Amazon. No éramos el tipo de empresa que arruinaba la Navidad de las personas por falta de disponibilidad, bajo ninguna circunstancia. Por lo tanto, salimos y compramos cuatro mil iPods rosas al por menor y los mandamos todos a nuestra oficina en Union Street. Luego los clasificamos a mano, los reempacamos y los llevamos al almacén para ser empaquetados y enviados a nuestros clientes. Nuestros márgenes murieron con esos iPods, pero nos permitió mantener nuestra promesa a los clientes.

Durante la siguiente revisión semanal de esta negociación, tuvimos que explicar a Jeff lo que hacíamos y por qué. Solo asintió con aprobación y dijo: «Espero que te pongas en contacto con Apple y trates de recuperar nuestro dinero de esos bastardos». En última instancia, Apple dividió a regañadientes la diferencia de costos con nosotros. Pero incluso si no lo hubiera hecho, habría sido lo correcto para Amazon.

> No éramos el tipo de empresa que arruinaba
> la Navidad de las personas por falta
> de disponibilidad.

Al servicio del cliente: *andon cord*

El *andon cord*, o cuerda andon, no es un concepto único de Amazon; es una idea tomada de la eficiente producción japonesa. Mi colega de Amazon, Clifford Cancelosi, estaba en la sala cuando el concepto se adaptó para su uso en Amazon. Es un principio de producción optimizada más famoso por su aplicación en la producción de automóviles. Supongamos que estás trabajando en una ajetreada planta de ensamblaje de Toyota y te das cuenta de que el aparato que estás instalando no encaja o tiene algún desperfecto. De inmediato te levantas y tiras de la cuerda andon, con lo que detienes la línea de ensamblaje y fuerzas una inspección para que el defecto se descubra con rapidez. Tal y como explica el consultor Todd Wangsgard, «la cuerda andon es una cuerda que los trabajadores pueden jalar —la que deberían jalar— cada vez que algo en el proceso de fabricación va mal y que podría comprometer la calidad del producto o la seguridad de las personas. La línea se detiene de inmediato».[9]

La versión de Amazon del *andon cord* comenzó con una conversación sobre un problema de atención al cliente durante la revisión semanal de la empresa. La cuestión se centraba en el modo en que los errores cometidos por un grupo de empleados (los que trabajaban en el grupo minorista) creaban dolores de cabeza a otro grupo (los del departamento de atención al cliente). «Cuando los empleados del grupo minorista no proporcionan los datos correctos al cliente o introducen la descripción incorrecta de un producto», explicó el jefe de atención al cliente, «el cliente se siente decepcionado con la compra. Y eso se traduce en una

---

[9] franklincovey.com/blog/consultants/toddwangsgard/2010/02/12/pulling-andon-cord-lessons-timeout/.

llamada a atención al cliente, lo que nos lleva a la molestia de devolver el producto».

Discutimos el problema y dejamos a la gente del grupo de ventas al menudeo con algunas propuestas de acción para que lo solucionaran. Pero un par de semanas después, los clientes informaron que nada había mejorado.

Frustrados, los del grupo de atención al cliente tomaron cartas en el asunto y crearon su propia versión del *andon cord*. Cuando los clientes empezaban a quejarse de un problema con un producto, el servicio de atención al cliente tan solo lo retiraba del sitio web y enviaba un mensaje al grupo minorista que decía: «Arregla el defecto o no podrás vender este producto». No hace falta decir que, en el mundo de la venta al menudeo, detener la venta de un producto es una medida bastante perjudicial, el equivalente a cerrar una cadena de ensamblaje de automóviles. Sin embargo, Jeff se mostró inflexible a la hora de apoyar el sistema. «Si ustedes, señores minoristas, no son capaces de hacerlo bien, merecen ser castigados», declaró.

La historia del sistema andon pone de manifiesto una vez más la obsesión por el cliente que persiste en Amazon. Pero también ilustra la importancia —y el reto— de pensar en los clientes internos. Cuando se me encargó el lanzamiento de la plataforma empresarial para la compraventa de productos, me resultó muy difícil conseguir que nuestro personal interno pensara en los vendedores externos con la misma pasión que en los compradores. Pero para mi equipo, estos vendedores externos eran clientes que merecían ser tratados con el mismo respeto que los compradores de nuestro sitio web. El sistema andon es una forma de obligar a la gente a prestar atención a las necesidades de sus clientes internos o externos, cerrando el negocio hasta que se satisfagan esas necesidades.

> El sistema andon es una forma de obligar a la gente a prestar atención a las necesidades de sus clientes internos o externos, cerrando el negocio hasta que se satisfagan esas necesidades.

Amazon tiene, de manera literal, puestos de trabajo con el título de «director ejecutivo de producto, andon cord», cuya función es crear procesos y sistemas interdepartamentales que detecten y «tiren de la cuerda andon» cuando aparezcan defectos. Es una forma de instrumentación en tiempo real para detectar errores y obligar a los equipos a solucionarlos.[10]

La voz del cliente como motor de la innovación

En los primeros días de Amazon, Jeff Bezos llevaba una silla vacía a las reuniones como recordatorio constante a su equipo de que el cliente, aun cuando no estuviera presente físicamente en la sala, debía ser reconocido y escuchado siempre. Pero Amazon también toma medidas inusuales para garantizar que la voz directa del cliente se escuche en toda la organización. El objetivo es garantizar que las opiniones de los clientes se utilicen para identificar, examinar y solucionar los problemas de fondo en las operaciones de Amazon. Jeff exige a todos sus gerentes que cada año asistan a dos días de capacitación en el centro de atención telefónica. De hecho, si llamas al centro de atención telefónica el día correcto, es posible que el propio Jeff atienda el teléfono. En teoría, la sensación que resulta de la comprensión y empatía hacia el cliente permea hasta los más altos niveles de la organización.

Por supuesto, en la era de los blogs, los *tweets* y las publicaciones en Facebook, una sola queja de un cliente que se haga

---

[10] Amazon/gp/jobs/228529?ie=UTF8&category=Customer%20Service&jobSearch Keywords=&location=US&page=1.

viral puede tener un impacto devastador. Por ello, Jeff invierte millones en la construcción de sistemas que controlan los comentarios en línea que Amazon recibe de sus clientes. Por ejemplo, durante el tiempo que dirigí el mercado de vendedores externos, establecimos un sistema de correo electrónico interno que facilita y supervisa las conversaciones con los clientes y los minoristas, utiliza métricas para rastrear las quejas de los clientes en relación con minoristas externos, y establece una función logística (Logística de Amazon), que permite a los comerciantes aprovechar con facilidad los canales de distribución de Amazon.

La carta de Jeff a los accionistas, con fecha de abril de 2013, describe otro ejemplo de cómo la experiencia del cliente impulsa la innovación en Amazon:

> Construimos sistemas automatizados que buscan las ocasiones en las que hemos proporcionado una experiencia al cliente que no está a la altura de nuestros estándares, y esos sistemas entonces devuelven su dinero de manera proactiva a los clientes. Un observador del sector recibió hace poco un correo electrónico automático nuestro que decía: «Nos hemos dado cuenta de que experimentó una mala reproducción del video mientras veía el siguiente video de alquiler en Amazon Video On Demand: *Casablanca*. Lamentamos las molestias y le hemos reembolsado el siguiente importe: 2.99 dólares. Esperamos volver a verlo pronto». Sorprendido por el reembolso proactivo, acabó escribiendo sobre la experiencia: «Amazon "se dio cuenta de que experimenté una mala reproducción de un video..." ¿Y decidieron devolverme dinero por eso? Vaya... Eso sí es poner a los clientes en primer lugar».[11]

La historia de la empresa está repleta de triunfos innovadores que son resultado de la obsesión por el cliente. Con el impulso a la industria editorial al lograr que los libros estuvieran disponibles en formato electrónico, se proporcionó a los lectores una gratificación instantánea a precios más bajos. Ofrecer la entrega ilimitada

---

[11] Bezos, Jeff, «2012 Letter to Shareholders», *Amazon*, 12 de abril de 2012.

al día siguiente (programa de lealtad de Amazon Prime) por 79 dólares (ahora 99 dólares) al año impulsó los ingresos al reducir de forma drástica la fricción que implican las compras en línea. Y el servicio de Amazon en Línea (AWS), la categoría líder y principal innovador en el campo de la informática en la nube, se basó en la idea de ofrecer a los clientes empresariales la misma tecnología sofisticada de infraestructura en línea que Amazon ha desarrollado para sí misma.

Aquí incluyo un vistazo más de cerca a algunos de los mayores éxitos de la innovación impulsados por los clientes de Amazon:

Look Inside the Book™.[12] En 2001, Amazon lanzó este programa basado en un concepto sencillo: la idea de emular la experiencia de las librerías al permitir a los navegantes de Amazon mirar las páginas del libro antes de comprarlo.

Por supuesto, esto requería que Amazon alojara el contenido de los libros en línea en su sitio, lo que planteaba algunas preguntas sobre si esto expondría el contenido de los libros a la piratería. Los editores se mostraron preocupados y escépticos. El programa también sería muy costoso. Cada libro tendría que ser escaneado, digitalizado e indexado, lo cual sería un enorme desafío logístico.

Jeff dio el visto bueno a un lanzamiento a gran escala, reconociendo que era la única manera de saber si tendría éxito entre las 43 000 000 de cuentas activas de Amazon.[13] La presentación arrancó con una asombrosa cifra superior a 120 000 libros. La base de datos ocupaba veinte terabytes, es decir, era veinte veces mayor a la base de datos más grande que existía en el mundo cuando se fundó Amazon.

David Risher fue el primer vicepresidente de desarrollo de productos y tiendas de Amazon, responsable del crecimiento de los ingresos de la empresa de 16 000 000 de dólares a más de 4 000 millones. Así describió la estrategia de lanzamiento de Look Inside the Book: «Si lo hubiéramos probado de forma

---

[12] «Echa un vistazo». TM, marca registrada *(N. de t.)*.
[13] «Inside the Mind of Jeff Bezos», *Fast Company*, 1 de agosto de 2004.

tentativa con un número pequeño de libros, quizá mil o dos mil, no habría conseguido las relaciones públicas ni la percepción de los clientes. Existe un factor X: ¿cómo será a a una escala mayor? Es una gran inversión y un gran costo de oportunidad. Hay un salto de fe. Jeff está dispuesto a arriesgarse».[14] Al final, los editores aceptaron el programa Look Inside the Book como una ventaja para las ventas.

Amazon Prime. Aunque mucha gente piensa que Amazon Prime es un programa de envíos, en realidad es el mejor programa de lealtad del mundo. Cuando se nos ocurrió este concepto, Jeff se refirió a las tarjetas de crédito de las aerolíneas y a la sensación de recompensa frustrada cuando la utilizas. Quería crear un programa de lealtad que proporcionara beneficios muy tangibles. Con Prime, el cliente tiene muy claro cómo se le recompensa por comprar en Amazon. Los beneficios comenzaron con el envío gratuito en dos días. Ahora, los miembros también reciben descargas mensuales de libros electrónicos en dispositivos Kindle y pueden ver películas y programas de televisión seleccionados sin ningún cargo adicional más allá de las cuotas anuales de la membresía Prime.

Desde su creación en febrero de 2005, Amazon Prime se ha convertido en una parte cada vez más importante de la estrategia general de Amazon para retener a los clientes y conseguir que gasten más tiempo y dinero en sus servicios y productos. Debido a que pagan 119 dólares al año, los miembros de Amazon Prime utilizan el servicio con más frecuencia. Y Amazon Prime sigue aumentando las expectativas de los clientes. Amazon podría introducir pronto la entrega gratuita en el mismo día en determinadas zonas urbanas.

En definitiva, la estrategia de Amazon para seguir siendo la empresa del mundo más apasionada por el cliente se apoya en gran parte en otro principio de liderazgo: «la predisposición a la acción» (véase capítulo 9, «ten iniciativa»). Rara vez encontrarás a

---

[14] *Idem.*

Jeff Bezos reaccionando ante la iniciativa de un competidor. En su opinión, es preferible lanzar una innovación basada en las necesidades y experiencia del cliente, y obligar a los competidores a reaccionar, incluso si dicha innovación tiene dificultades o fracasa:

> Si te centras en la competencia, tienes que esperar hasta que haya un competidor haciendo algo. Estar centrado en el cliente te permite ser más vanguardista. Existen dos formas de ampliar un negocio. Haz un inventario de lo que sabes hacer y extiende tus habilidades. O parte de las necesidades de los clientes y trabaja hacia atrás, incluso si se requiere aprender nuevas habilidades.[15]

Esta orientación hacia el *cliente* versus hacia la *competencia* se observa en toda la organización, incluso hoy en día. Tengo mucha experiencia laboral en el área de los AWS. Es casi imposible lograr que sean críticos o incluso que evalúen el producto de un competidor, en especial, en frente del cliente. Tratan de dejar ese trabajo a otros a menos que estén en realidad presionados.

> Si te centras en la competencia, tienes que esperar hasta que haya un competidor haciendo algo. Estar centrado en el cliente te permite ser más vanguardista.

---

[15] LaGesse, David, «America's Best Leaders: Jeff Bezos, Amazon CEO», *U.S. News*, 19 de noviembre de 2008.

Capítulo 2. Compórtate como el dueño

Los líderes son dueños. Piensan a futuro y no sacrifican el valor a largo plazo por resultados a corto plazo. Actúan en nombre de la empresa entera, más allá de su equipo. Nunca dicen: «Ese no es mi trabajo».

Siempre que hablo del principio de propiedad, pienso en una historia famosa durante una fiesta de Navidad en los inicios de Amazon, que se celebró en unas instalaciones alquiladas en el centro de Seattle. Cuando los empleados responsables del montaje se dieron cuenta de que no tenían un soporte para el árbol de Navidad, alguien decidió clavar su tronco directo en el piso de madera. «¿Cuál es el problema?», pensaron. «Solo estamos rentando el local».

Siempre en la búsqueda de gestos simbólicos para aplicar sus principios en la empresa, Jeff se abalanzó sobre el incidente. Durante años, utilizó esta desafortunada solución para poner de manifiesto los defectos de la mentalidad de quien renta un local. «Los dueños nunca clavarían un árbol al piso de madera».

> Uno de los mayores errores que puedes cometer como líder en Amazon es sacrificar el valor a largo plazo por los resultados a corto plazo.

Uno de los mayores errores que puedes cometer como líder en Amazon es sacrificar el valor a largo plazo por los resultados a corto plazo. Jeff quiere que su gente aborde cada situación empresarial como un propietario, no como un inquilino.

Por supuesto, Amazon disfruta del lujo de un director ejecutivo que puede pensar en las inversiones con un horizonte que abarca años, incluso décadas. ¿Por qué? Porque todavía posee más de 87000000 de acciones de la empresa que fundó, alrededor del 20%.[1] La mayoría de las empresas públicas deben responder a las exigencias trimestrales de crecimiento constante en las ventas, los beneficios y el valor de las acciones por parte del consejo de administración, los accionistas y Wall Street. Amazon es capaz de hacer apuestas a largo plazo y sostenerlas hasta su madurez sin centrarse tanto en los resultados a corto plazo. Cuando observas las oportunidades de negocio a través de una lente de varios años o más, que de repente Jeff, como una inversión personal, compre el *Washington Post*, puede parecer una idea no tan loca. Y desde el principio, Jeff les ha vendido a los inversores esta idea del largo plazo. En parte es el motivo por el cual Amazon consigue valoraciones en sus acciones muy diferentes —y mucho más altas— que otras empresas. También es la razón por la que invertir en escala es tan vital para Amazon.

Amazon no es la única empresa que ha descubierto este secreto. Si estás en busca de indicadores fiables del valor de una empresa, fíjate en la permanencia del equipo directivo. Las organizaciones exitosas con visiones estratégicas a largo plazo suelen tener una tasa de rotación muy baja en su cúpula directiva. La clave, por supuesto, es equilibrar una cultura de compromisos a largo plazo con la necesidad de ofrecer excelencia a corto plazo. Se quiere un director general paciente, pero no una plantilla laboral tan paciente. Es crucial mantener una atmósfera de urgencia (véase capítulo 9, «ten iniciativa»). La mejor manera de lograr ese equilibrio es a través de un sentido de copropiedad. La cultura de Amazon premia a las personas que defienden con pasión sus proyectos o ideas y que están empoderadas para

---

[1] Carlson, Nicholas, «Jeff Bezos's Salary Is Only $14,000 More Than the Average Facebook Intern's», *Business Insider*, 15 de abril de 2013.

desafiar con respeto las decisiones. En otras palabras, es gente a la que le importa su trabajo y se apropia de los resultados.

¿Cómo construye y mantiene Jeff este sentido de propiedad entre los miembros de su equipo? Una forma es contratando a las personas adecuadas. La empresa ha creado un sistema eficaz y ampliable para reclutar, gestionar y desarrollar talentos de alto rendimiento. Otra forma es inculcar un sentido de responsabilidad en todos los estratos de la organización. Como copropietarios de Amazon, cada empleado debe ser inquebrantable en su responsabilidad y honestidad. El más alto nivel de servicio al cliente es imposible de lograr sin un alto grado de responsabilidad y la voluntad de ser directo, abierto y honesto, en especial cuando las cosas no van bien.

Durante mi época en Amazon, teníamos una filosofía que nombramos «el kimono abierto». Si no estabas dispuesto a ser honesto sobre la situación de tu proyecto o de tus números, entonces no existía ninguna posibilidad de alcanzar tus objetivos. Tenías que abrir tu kimono y exponer de buen grado los fallos, los errores y las limitaciones de tu situación. Y como aprendí en aquella reunión del superequipo de 2003, si empezabas a dar explicaciones innecesarias o a vacilar sobre las razones por las cuales no estabas alcanzando los objetivos, Jeff no dudaría en arrancarte ese kimono. Lo recuerdo muy bien, preguntando a una pobre alma que había divagado y tergiversado sus palabras en un esfuerzo por explicar algún error: «¿Qué crees que estás demostrando: una gran estupidez o pura incompetencia?».

Cuando hice el informe sobre el proyecto fallido, todo lo que Jeff quería saber era lo siguiente: «Aquí está lo que no funcionó, por qué no funcionó y cómo lo cambiaremos». Si parecía que un proyecto iba directo al desastre, todo lo que quería escuchar era: «No creemos que vaya a funcionar; intentemos algo más». Aunque un *mea culpa* honesto no garantizaba que Jeff no se abalanzara sobre ti, al menos te permitía conservar cierto respeto a ti mismo y tu trabajo. Este equilibrio entre la búsqueda del éxito y la responsabilidad, mientras te das cuenta de que algunas ideas no van a funcionar, permite a la organización «fracasar con anticipación».

A veces la ejecución es deficiente, y eso es un problema de rendimiento. En otras ocasiones, la idea no es la correcta, y así es como aprendes, ajustas y avanzas.

En *The Everything Store*, Brad Stone examina esta cultura de responsabilidad inflexible y resume cómo los estándares tan altos de Bezos a menudo abruman a su gente: «Muchos no podían seguir trabajando más para Bezos. Exigía más de lo que ellos podían ofrecer y era en extremo tacaño con los elogios. Al mismo tiempo, varios... se maravillarían más adelante de lo mucho que lograron».[2] La responsabilidad no es indolora, pero es el único camino seguro al éxito.

Principios de Amazon sobre el sentido de propiedad

Por supuesto que no basta con solo declarar que todos en la empresa son propietarios y que él o ella serán responsables de sus decisiones y acciones. Existe una serie de principios de conexión cruciales que ayudan a transformar la propiedad, de una vaga aspiración a una realidad cotidiana.

La manifestación más directa es que cada empleado recibe acciones como parte de su paquete laboral. Así, cada empleado se beneficia cuando el valor de las acciones de Amazon aumenta.

Sí, es tu trabajo. Los empleados de Amazon aprenden rápido que la frase «ese no es mi trabajo» es un boleto exprés para una entrevista de salida. Ser propietario significa no solo ser amo de tu dominio, sino también estar dispuesto a ir más allá de los límites de tu función siempre que sea necesario para mejorar la experiencia del cliente o solucionar un problema.

Tal comportamiento sin límites requiere una comprensión de los detalles y las métricas, que profundiza dos o tres grados más allá de lo normal. No era raro que los altos cargos de Amazon fueran capaces de hablar con conocimiento y autoridad sobre

---

[2] Stone, Brad, The Everything Store: *Jeff Bezos and the Age of Amazon*, Little, Brown and Company, 15 de octubre de 2013.

los detalles de un proyecto que no estaba en su propio departamento, y mucho menos bajo su dirección. Esto también implica una disposición a hablar y contribuir sin que se les solicite. Por ejemplo, si tienes algo valioso que ofrecer en relación con un programa específico, no esperas hasta que te inviten a la próxima reunión sobre ese programa: tan solo te presentas.

> Ser propietario significa no solo ser amo de tu dominio, sino también estar dispuesto a ir más allá de los límites de tu función siempre que sea necesario para mejorar la experiencia del cliente o solucionar un problema.

Eres dueño de tus dependencias. Por supuesto, todo el mundo en los negocios depende de otros para tener éxito. Quienes te rodean —colegas, miembros del equipo, proveedores, socios externos y personas en otros departamentos que están en contacto con tu trabajo— aportan elementos esenciales que te hacen ser eficaz. Esto significa que cuando te fallan, también pueden hacer que fracases, a veces sin misericordia alguna.

Una de las principales directrices de Amazon es identificar y gestionar con tenacidad todas las dependencias que tengas en la empresa que potencialmente puedan llevarte al fracaso. No está bien fallar por un descuido en las dependencias. Eso es un error de liderazgo y, como has visto, en Amazon no hay mucho espacio para las excusas. Cuando te pidan cuentas por un problema causado en parte o en su totalidad por el error de una dependencia, debes ser capaz de decir: «Realicé tales acciones para dirigir mis dependencias. Fui más allá de lo razonable en mis esfuerzos por gestionarlas». Eso significa tener contratos sólidos como una roca, acuerdos de nivel de servicio y sanciones vigentes, así como una gestión continua y activa de las comunicaciones. No puede asumirse nada.

En aquella reunión con el superequipo de 2003, Jeff desglosó el proceso de gestión de las dependencias en tres sencillos pasos (mientras, por supuesto, gritaba y gesticulaba como un loco):

1. Siempre que sea posible, hazte cargo de las dependencias para que no necesites apoyarte en nadie más.
2. Si eso no es posible, negocia y gestiona compromisos inequívocos y claros con los demás.
3. Crea blindajes siempre que sea posible. Para cada dependencia, diseña un plan alternativo, por ejemplo, un proveedor en la cadena de suministro.

Asumir la responsabilidad absoluta de todas las dependencias posibles bajo tu cargo no es una tarea fácil. Esta es una de las razones por las que muy pocos tienen el rigor, la determinación y la tenacidad para lograr un puesto de liderazgo en Amazon. Es una empresa de fanáticos del control, dirigida por fanáticos del control y dominada por el rey de los fanáticos del control. Como cuando un famoso exingeniero dijo que Jeff Bezos es tan fanático del control que «los fanáticos del control ordinarios parecen hippies drogados».[3]

Y puesto que tu propio equipo es una de las dependencias más importantes bajo tu autoridad, tu capacidad para orientar a los que te rodean es un parámetro clave durante tu evaluación anual. Lo anterior significa que tu éxito está ligado a los logros que tu gente ha alcanzado a lo largo de su carrera en Amazon.

La compensación premia el pensamiento a largo plazo. Por último, al diseñar planes de compensación, Amazon incentiva el sentido de propiedad.

Es bien sabido que, en comparación con muchas empresas de Silicon Valley que ofrecen sueldos fastuosos y beneficios extravagantes, a Amazon le gusta ser moderada. La empresa no paga

---

[3] «Jeff Bezos "Makes Ordinary Control Freaks Look Like Stoned Hippies", Says Former Engineer», *Business Insider*, 12 de octubre de 2011.

los celulares de sus empleados, mantiene los sueldos bajos e incluso utiliza puertas viejas como escritorios (la austeridad, como explicaré en el capítulo 10, ha sido durante mucho tiempo una función que incentiva el ingenio, la autosuficiencia y la invención en Amazon). Pero eso no significa que los trabajadores no estén bien remunerados. Amazon prefiere recompensar a los empleados con acciones más que con un salario o con bonos en efectivo.

Jeff explica su lógica en la carta de 1997 a los accionistas: «Sabemos que nuestro éxito se verá afectado en gran parte por nuestra capacidad para atraer y retener una base de empleados motivados, cada uno de los cuales debe pensarse, y por lo tanto ser, un propietario».[4] Jeff nos incentivó al permitirnos compartir las recompensas del crecimiento de la empresa. Al hacerlo, nos hizo pensar a cada instante en el largo plazo.

El superpoder real de Amazon: la paciencia

Los dos guerreros más poderosos son el tiempo y la paciencia.
León Tolstoi

La tercera vez es un encanto

Cuando empecé en Amazon, la paciencia era una virtud porque teníamos recursos limitados. Hoy en día la paciencia parece menos una virtud, pero sigue siendo un superpoder. Cuando me incorporé a Amazon para liderar el lanzamiento de Amazon Marketplace, mi función como director de Integración Comercial era crear los mecanismos para incorporar y gestionar con los miles de minoristas independientes de la empresa. Sin embargo, también tuve responsabilidades mayores al apoyar en las labores de ventas e inscribir a los minoristas, así como en todo el trabajo técnico que impactó en el lanzamiento del negocio, lo que incluyó los sistemas de catalogación, los pagos, la página de detalles, la búsqueda y la navegación, así como la canalización de pedidos.

---

[4] Bezos, Jeff, «1997 Letter to Shareholders», *Amazon*, 30 de marzo de 1998.

59

Puesto que nuestra misión era lograr que las compras a un vendedor externo fueran tan fluidas y fiables como comprar en Amazon, el minorista, pareció que impactamos a cada equipo técnico de la empresa.

En la actualidad, el negocio del Marketplace representa más del 50% de todas las unidades enviadas y vendidas en Amazon y contribuye de forma importante a los ingresos y beneficios de la empresa. Pero no se logró de manera fácil; no era obvio que llegara a ser un negocio de este tamaño y, lo que es más importante, no se comprendía la combinación de capacidades y experiencias que se necesitarían para prosperar.

El Marketplace fue el tercer intento de Amazon por crear una plataforma de vendedores externos. En la carta de 2014 a los accionistas, Bezos comparte una breve historia:

> Los primeros días de Marketplace no fueron fáciles. Primero, lanzamos Amazon Auctions.[5] Creo que llegaron siete personas, si contamos a mis padres y hermanos. Auctions se transformó en zShops, que era en esencia una versión de Auctions a precio fijo. De nuevo, sin clientes. Pero luego transformamos zShops en Marketplace. Al interior de la empresa, Marketplace se conocía como SDP (Single Detail Page).[6] La idea era tomar nuestro inmueble comercial más valioso —nuestra página de detalles del producto— y permitir que los vendedores externos compitieran con nuestros propios gestores de la categoría de venta al menudeo. Era más conveniente para los clientes y, en un año, represenaba 5% de las unidades. Hoy, más de 40% de nuestras unidades las venden más de dos millones de vendedores externos en todo el mundo.[7] Una organización sin compromiso no hace un tercer intento.

Pero incluso cuando lanzamos Marketplace en el otoño de 2002, no era claro que el negocio fuera a convertirse en lo que es ahora.

---

[5] Subastas de Amazon en español *(N. de t.)*.

[6] Página de detalles del producto *(N. de t.)*.

[7] «1997 Letter to Shareholders», *Amazon.* Consultado: 15 de abril de 2021, sec.gov/Archives/edgar/data/1018724/000119312515144741/d895323dex991.htm.

Se necesitó tiempo para que las diferentes categorías como ropa, artículos deportivos, gourmet, hogar y electrodomésticos, crearan la selección requerida para considerarse «la tienda de todo». También llevó tiempo que los clientes adoptaran y aprendieran que Amazon no eran solo libros, música y videos (sí, CD y VHS). Pero dos innovaciones más fueron las que crearon la combinación, una corriente de fuerzas ascendentes que causó un impacto exponencial y que convirtió al Marketplace en la fuerza que es ahora.

En 2005, se lanzó Amazon Prime. Este «programa de envío» se convirtió de inmediato en un «programa de lealtad», que ofrecía algo más que el envío en dos días de los artículos al menudeo. En 2006, con el lanzamiento de la Logística de Amazon,[8] los vendedores del Marketplace podían aprovechar la capacidad de logística y entrega de la empresa para su inventario. Pronto, Amazon decidió permitir que los artículos de la Logística de Amazon y los del Marketplace fueran «elegibles para Prime», lo que hizo que los clientes más fieles estuvieran superinteresados en encontrar *todo* en Amazon. Esta combinación —que ni siquiera era un concepto cuando lanzamos Marketplace en 2002— creó el vórtice. ¡Bum!

> **Para que la innovación funcione, deben coincidir muchos factores.** Q

Para que la innovación funcione, deben coincidir muchos factores. Hay que satisfacer una necesidad real del cliente, la experiencia tiene que ser excelente, las operaciones deben ampliarse, la economía unitaria requiere estar en línea y la adopción del mercado exige estar prevista. Es raro que todos estos factores (y más) estén alineados y listos para funcionar desde el principio. ¿Cómo se compensa? Con paciencia.

---

[8] Fulfillment by Amazon, FBA, vender.amazon.com.mx/sellerblog/que-es-fba-y-como-utilizarla *(N. de t.).*

> Es raro que todos estos factores (y más) estén alineados y listos para funcionar desde el principio. ¿Cómo se compensa? Con paciencia.

El superpoder oculto de los innovadores

En la carta de 2015 a los accionistas de Amazon, Bezos escribió:

> Un área en la que creo que nos distinguimos es el fracaso. Creo que somos el mejor lugar del mundo para fracasar (¡tenemos mucha experiencia!), y el fracaso y la invención son gemelos inseparables. Para inventar hay que experimentar; si sabes de antemano que va a funcionar, entonces no es un experimento. La mayoría de las grandes organizaciones abrazan la idea de la invención, pero no están dispuestas a sufrir la serie de experimentos fallidos necesarios para llegar a ella.[9]

El fracaso más sonado de Amazon fue el Fire Phone. «¿Qué demonios pasó con el Fire Phone?»[10], se preguntaba el analista bursátil Henry Blodget en un debate con Bezos en el *Business Insider*. «El Fire Phone, como todos los proyectos de Amazon, fue un experimento», respondió Bezos con frialdad. Para él, su fracaso fue una experiencia de aprendizaje, otra oportunidad para repetir o darle la vuelta.

Lo que en realidad importa es que las empresas que no siguen experimentando, las empresas que no aceptan el fracaso, eventualmente llegan a una posición desesperada donde lo único que pueden hacer es apostarlo todo al final de su existencia corporativa. Por otro lado, las empresas que apuestan

---

[9] *Amazon*. Consultado: 15 de abril de 2021, sec.gov/Archives/edgar/data/1018724/000119312516530910/d168744dex991.htm.

[10] Blodget, Henry, «I Asked Jeff Bezos The Tough Questions — No Profits, The Book Controversies, The Phone Flop — And He Showed Why Amazon Is Such A Huge Success», *Business Insider*. Última modificación: 13 de diciembre de 2014, businessinsider.com/amazons-jeff-bezos-on-profits-failure-succession-big-bets-2014-12.

todo el tiempo —incluso las que lo hacen a lo grande, pero sin comprometer a la compañía entera—, prevalecen. No creo en las compañías que apuestan todo de golpe. Eso es un síntoma de desesperación. Es la última opción que queda.

Pero solo el consejo directivo de la empresa, el director general y tal vez un par de ejecutivos selectos pueden crear este escudo de deflexión de calor en torno a los equipos y las ideas que estás tratando de alimentar. El ejecutivo medio de la empresa, por no decir de los mandos medios, no puede ser descarado, y no está en la posición de llevar a otros por este peligroso viaje. «A veces las empresas se embarcan en nuevos proyectos y si no funcionan al cabo de un año o dos, y están perdiendo mucho dinero, los abandonan. Jeff está dispuesto a tomarse hasta diez años para ganar dinero en una nueva área en la que nos adentramos. Pero si parece que estamos progresando, nos apegamos al proyecto».[11] El pensamiento a largo plazo y la voluntad de ser pioneros en nuevas áreas son una fuerza poderosa para la innovación.

La belleza del principio de propiedad es que, una vez establecido en tu organización, crea el terreno de juego, así como las bases para tener éxito con el tercer principio de liderazgo, que consiste en inventar y simplificar.

> El pensamiento a largo plazo y la voluntad de ser pioneros en nuevas áreas son una fuerza poderosa para la innovación. Q

---

[11] «Inside the brain of Jeff Bezos», BBC, Tom Alberg vocero, bbc.co.uk/sounds/play/m000pmxh ~18.

Capítulo 3. Innova y simplifica

Los líderes esperan y requieren de la innovación y de la invención de sus equipos, y siempre encuentran formas de simplificar. Son conscientes del entorno, buscan nuevas ideas en todas partes, y no los limita un «no inventado aquí». Al crear cosas nuevas, aceptamos que podemos ser incomprendidos durante largos periodos.

Se esperaba que los ingresos de Amazon en 2020 fueran de unos 340 000 millones de dólares y que continuaran con una media de crecimiento anual de ingreso de 25%. En ese año se reportaron 386 000 millones de ingresos y, al cierre de 2022, la cifra creció a 514 000 millones. Las ventas de Amazon crecieron más rápido que las ventas por internet en su conjunto. Cuando me piden que explique esta combinación, sin precedente, de tamaño y crecimiento dinámico, acudo de inmediato a uno de los principios clave de liderazgo de Jeff Bezos: Amazon le da continuidad a su crecimiento al inventar y simplificar cada día. Si me viera obligado a mencionar cuál es el principio de liderazgo más importante y distintivo de Amazon para mí, sería el de inventar y simplificar (combinado con ser paciente, con profundizar y con la pasión por el cliente). Es su voluntad de invertir ahora en cientos, si no en miles, de innovaciones simultáneas, la mayoría de las cuales no tendrán éxito o no harán la gran diferencia en su negocio. La combinación de ir tras el próximo «negocio de ensueño»[1]

---

[1] Chait, Jonathan y Stephen Glass, «"Earth's Biggest Bookstore"? Pshaw. Cheaper, faster, and more convenient? Pshaw again», *Slate*. Última modificación: 5 de enero de 1997, slate.com/news-and-politics/1997/01/amazon-con.html.

y buscar la más pequeña de las mejoras en el flujo de efectivo libre en cada pedido (lo cual suma a un negocio masivo y en escala) es lo que convierte a Amazon en un imponente huracán que se abate sobre tantas industrias y líderes.

Pero inventar y simplificar es una historia con múltiples caras, como un diamante con facetas que reflejan y cambian la luz a través del prisma. Por ello, este capítulo explora las múltiples facetas de este principio.

La simplificación en persona: la plataforma empresarial de Amazon

Jeff entiende, hasta cierto punto, lo mismo que Steve Jobs entendió. El mejor diseño es el más sencillo. Lo simple es la clave de lo fácil, rápido, intuitivo y de bajo coste. Lo simple se desarrolla mucho mejor que lo complejo, lo que significa que la simplicidad está ligada a otro principio de liderazgo: pensar en grande (véase capítulo 8, «piensa en grande»). Como líder de Amazon, no se espera que diseñes y construyas una innovación con diez o cien personas en la mente. Debes diseñarla para millones de clientes y decenas de miles del ecosistema de socios, como comerciantes y desarrolladores —«innovación a escala»—, lo que significa comprender a los usuarios e innovar pensando en ellos.

> El mejor diseño es el más sencillo. Lo simple es la clave de lo fácil, rápido, intuitivo y de bajo coste.

En el mundo de los negocios, el término «plataforma» ha llegado a referirse a un estado en el que las máquinas interactúan a la perfección para enlazar procesos y tareas complejas realizadas por varias partes. Amazon es una plataforma. Podría haberse limitado a la venta de libros —la «plataforma de libros»—, pero en lugar de ello, ha ampliado su ámbito de servicio a todo tipo de artículos de consumo e incluso a la propia empresa.

Cuando estuve en Amazon me hice un gran creyente del poder de la automatización de los procesos para hacer los flujos de trabajo más simples y más productivos. Cuando un proceso se automatiza, no solo es más fácil de mejorar, sino más sencillo de medir; mientras que el esfuerzo manual, aunque comience en un servicio costoso, no amplificable y no disponible en todo momento. Por ello, la automatización, los algoritmos y la arquitectura tecnológica son los motores que están detrás de las plataformas empresariales que transforman el juego, como Kindle, Amazon Mechanical Turk, Third-Party Sellers, Logística de Amazon y AWS.

La segunda página de la carta de 2011 de Jeff a los accionistas, titulada «El poder de la invención», es un manifiesto sobre el innegable impacto de la ciencia de los datos y la ciencia de la computación en el crecimiento de los negocios de la plataforma de Amazon:

> La invención se presenta de muchas formas y en muchas escalas. Las invenciones más radicales y transformadoras suelen ser las que les dan el poder a otros para desatar su creatividad, para perseguir sus sueños. Eso es en gran parte lo que ocurre con AWS, Logística de Amazon y Kindle Direct Publishing (KDP). Con AWS, Logística de Amazon y KDP, estamos creando potentes plataformas de autoservicio que permiten a miles de personas experimentar con audacia y lograr objetivos que de otro modo serían imposibles o poco prácticos. Estas innovadoras plataformas a gran escala no suman cero, sino que crean situaciones en las que todos salen ganando y generan un valor significativo para los desarrolladores, los empresarios, los clientes, los autores y los lectores.
>
> AWS ha crecido hasta tener treinta servicios diferentes, miles de empresas grandes y pequeñas y desarrolladores individuales como clientes. Una de las primeras ofertas de AWS, el Almacenamiento de datos seguro en la nube, o Amazon S3,[2] alberga ahora más de 900 000 millones de objetos de datos, y cada día se añaden más de mil millones de objetos nuevos.

---

[2] *Amazon Simple Storage Service* en inglés *(N. de t.).*

Amazon S3 gestiona con regularidad más de 50 000 transacciones por segundo y ha alcanzado un máximo de casi un millón de transacciones por segundo. Todos los servicios de AWS son de pago y transforman de manera radical el gasto de capital a costo variable. AWS es un autoservicio: no necesitas negociar un contrato ni relacionarte con un vendedor; basta con leer la documentación en línea y comenzar. Las funciones de AWS son flexibles: se amplían y reducen con facilidad.

Solo en el último trimestre de 2011, Logística de Amazon envió decenas de millones de artículos en nombre de los vendedores. Cuando los vendedores la utilizan, sus artículos son elegibles para Amazon Prime, para el Super Saver Shipping, y para el procesamiento de las devoluciones de Amazon y el servicio al cliente. Logística de Amazon es de autoservicio y viene con una consola de gestión de inventario fácil de usar como parte de la Amazon Seller Central (central de vendedores). Para los más técnicos, también viene con un conjunto de API [interfaces de programación de aplicaciones, por sus siglas en inglés] para que puedas utilizar nuestra red global de centros de logística como una gran computadora externa. Hago hincapié en la naturaleza de autoservicio de estas plataformas porque es importante por una razón que no considero tan obvia: incluso los guardianes bien intencionados ralentizan la innovación. Cuando una plataforma es de autoservicio, incluso las ideas improbables pueden intentarse porque no hay ningún guardián experto listo para decir: «¡Eso nunca funcionará!». Y adivinen qué, muchas de esas ideas improbables funcionan, y la sociedad se beneficia de esa diversidad.[3]

Las plataformas empresariales de Amazon son facilitadoras. Abren el camino a escritores y vendedores de libros. Admiten a las personas que quieren venderle a la comunidad de Amazon. Permiten a las empresas buscar mano de obra. Habilitan a las personas y a las organizaciones que quieren utilizar la tecnología y la capacidad informática de Amazon. Facilitan a las organizaciones más pequeñas mejorar su reputación a cuestas del nombre de Amazon.

---

[3] Bezos, Jeff, «2011 Letter to Shareholders», *Amazon*, 13 de abril de 2012.

Permiten la logística, la cadena de suministro y la experiencia en el transporte. Al empoderar a los empresarios, propician el crecimiento personal y profesional de miles de individuos. Las plataformas empresariales de Amazon construyen círculos virtuosos que hacen girar y expandir la energía de forma muy parecida al propio volante de Amazon.

Por lo tanto, si quieres entender cómo piensa Amazon sobre el principio de inventar y simplificar, tienes que entender la utilidad de la plataforma.

Como hemos señalado, la tecnología hace que la plataforma sea posible. Pero los algoritmos, la automatización, el flujo de trabajo y la tecnología son solo una parte de cómo Amazon inventa y simplifica. Más importante es el hecho de que las funciones se diseñan *desde el usuario, de adelante hacia atrás*. Cuando estábamos construyendo el negocio de vendedores externos en Amazon, nuestro objetivo era crear una gran experiencia para el vendedor. Construir un proceso de registro sencillo de vendedores era difícil, pero esencial para lograr ese objetivo, y mi trabajo consistía en alentar a los equipos de ingeniería a integrar más de cuarenta sistemas subyacentes diferentes para crear un flujo de trabajo sencillo y sin fisuras para ese proceso.

La voluntad de replantearse las políticas, las normas y otras suposiciones establecidas es fundamental en el mundo empresarial. También lo es plantearse y responder a la pregunta: «Si tuviera que automatizar el proceso y eliminar *todos* los pasos manuales, ¿cómo lo diseñaría?». En vez de aspirar a una reducción de 10% de la fricción, impulsa un replanteamiento mucho más radical de los supuestos; pregúntate «los cinco porqués» (véase capítulo 12, «profundiza») y ten la voluntad de desafiar el *statu quo*. Aquí se experimentará todo tipo de resistencias, tanto activas como pasivas, que requerirán una respuesta por parte de un fuerte liderazgo ejecutivo. Algunos puestos de trabajo cambiarán, otros se eliminarán. Por todas estas razones, se necesita visión, creatividad, voluntad y valor para llevar a cabo el principio de inventar y simplificar.

Proceso versus burocracia

Observa cómo ambos términos del principio, inventar y simplificar, son necesarios por igual. La innovación de los procesos puede ser poderosa, pero cuando se practica sin hacer hincapié en la simplicidad, el resultado es la burocracia: la multiplicación de los procesos por sí mismos.

Una de las grandes observaciones que escuché de Jeff se produjo durante una de nuestras reuniones con todo el personal, celebrada en un cine local. Jeff respondió a la pregunta de un empleado sobre cómo evitar la burocracia y, al mismo tiempo, garantizar la aplicación de ciertas normas. Jeff respondió: «Un buen proceso es absolutamente esencial. Sin procesos definidos, no puedes crecer como empresa, no puedes establecer métricas e instrumentos, no puedes gestionar. Pero evitar la burocracia es esencial. La burocracia es un proceso desbocado».

Jeff comprendió que los trabajadores nivel A odian la burocracia y abandonarán las organizaciones en donde esta los invada. En cambio, a los trabajadores niveles C y D, muchos de los cuales suelen residir en los mandos medios de cualquier organización, les encanta la burocracia porque pueden esconderse detrás de ella, actúan como guardianes y crean con frecuencia el tipo de fricción que puede empantanar toda una empresa. Los procesos basados en resultados medibles eliminan la burocracia y ponen al descubierto a los empleados que tienen un bajo desempeño.

> Los procesos basados en resultados medibles eliminan la burocracia y ponen al descubierto a los empleados que tienen un bajo desempeño.

Entonces, ¿cómo reconoces la burocracia y la distingues de un proceso bien definido? Cuando las normas no se pueden explicar; cuando no favorecen al cliente; cuando no se puede obtener reparación de una autoridad superior; cuando no se puede obtener una respuesta a una pregunta razonable; cuando no existe un acuerdo a nivel de servicio o un tiempo de respuesta garantizado incluido en el proceso; o cuando las normas no tienen sentido. Cuando ocurre cualquiera de estas circunstancias, es muy probable que la burocracia esté empezando a extenderse.

Recuerdo muy bien una reunión con el superequipo en la que Jeff miró hacia el este, más allá del lago Washington, al campus de Microsoft, y nos dijo: «No quiero que este lugar se convierta en un *country club*». En realidad, temía que, con el éxito y el crecimiento, Amazon se volviera complaciente y se hinchara como Microsoft; que perdiéramos nuestro espíritu y deseo de asumir riesgos; que dejáramos de insistir en los estándares más altos y nos enredáramos poco a poco en una gigantesca bola de burocracia. Nos dijo que, si nos volvíamos como Microsoft, moriríamos. «Lo que es peor», dijo, «ya no será divertido venir a trabajar».

Mientras trabajas para inventar y perfeccionar los procesos, recuerda siempre que la simplicidad es un baluarte esencial contra el ataque sigiloso de la burocracia.

El trabajo de los demás y el Mechanical Turk

Ni siquiera Amazon puede automatizarlo todo. Una de mis estrategias favoritas para hacer frente a este hecho es la movilización del trabajo de otras personas o TOP (*other people's work*, OPW). En muchos casos, la mejor manera de avanzar ante una acumulación inevitable de trabajo manual es permitir y motivar a otras personas a que lo hagan.

Consideremos solo dos de las muchas tareas que deben realizarse cuando se crea un sitio web de comercio electrónico con una gama infinita de productos: evaluar la calidad de la imagen de un producto y redactar descripciones claras y precisas de este. Ninguna de las dos puede ser realizada con eficacia por una computadora. En lugar de contratar a un vasto ejército de personas para realizar estas pequeñas pero esenciales e interminables tareas, Amazon cedió esa tarea a sus clientes y socios. Creó una herramienta de gestión de imágenes de los productos que recogía los comentarios de los clientes, les permitía comparar las imágenes y denunciar el contenido ofensivo o irrelevante. Funcionó muy bien. En poco tiempo, Amazon utilizó el TOP para gestionar otros procesos que no podían automatizarse. Las opiniones de los clientes, que fueron controvertidas cuando Amazon las introdujo por primera vez, son un gran ejemplo de TOP, una forma de permitir que miles de clientes de Amazon se encarguen de la tarea de describir, calificar y categorizar los artículos en beneficio de otros millones de usuarios del sitio web.

Con el enfoque adecuado, casi todas las empresas pueden encontrar oportunidades para el TOP. Muchos de mis clientes actuales están descubriendo que permitir a los vendedores, clientes o socios comerciales llevar a cabo actividades para las que tienen una mayor motivación y un mejor conocimiento puede ser un poderoso paso hacia la transformación de sus negocios al tiempo que se reducen los costos.

Con el tiempo, el concepto básico de TOP de Amazon se transformó en una plataforma para que otros la utilizaran, denominada Amazon Mechanical Turk. Se trata de un mercado en línea que proporciona a las empresas acceso a un ejército flexible, escalable y bajo demanda de trabajadores independientes (*freelancers*) que pueden contratar para realizar pequeñas tareas manuales. Innumerables empresas utilizan esta plataforma a diario para aprovechar una base de empleo mundial y, por supuesto, Amazon gana dinero cada vez que la usan.

Vendedores externos: inventar una plataforma y simplificarla

Uno de los mejores ejemplos del principio de inventar y simplificar es el proyecto que me llevó a Amazon en primer lugar: el desarrollo del programa de vendedores externos.

A finales de 2001, trabajaba en una empresa emergente de tecnología y buscaba con ahínco el próximo gran hallazgo, tanto en mi propia carrera como en el mundo de los negocios en general. Jason Child, un colega de mis días en Arthur Andersen (ahora es el director financiero de Groupon), me presentó a Jason Kilar (quien más tarde se convertiría en el fundador y director general de Hulu). Me invitaron a una entrevista en Amazon. El candidato seleccionado, me dijeron, dirigiría un proyecto responsable de diseñar y gestionar un servicio que permitiera a terceros vender en Amazon.

Durante los dos meses siguientes, tuve 23 entrevistas en Amazon. Fue, sin duda, el proceso de contratación más exhaustivo e intenso que he vivido. Lo que hacíamos en estas entrevistas era afinar la estrategia y aportar ideas sobre los requisitos de un negocio de vendedores externos. Ya existía un precursor. Desafortunadamente, zShops se definía en gran medida por la horrible experiencia con el cliente y un inventario deficiente. Recuerdo que pensé: «Bueno, la idea está ahí, pero estoy escuchando unos planes y unas expectativas muy poco elaboradas».

Al final, me contrataron para dirigir el lanzamiento del negocio de vendedores externos como primer director de Integración Comercial de Amazon. Tenía la responsabilidad directa de organizar a todos los comerciantes (también llamados «vendedores») que íbamos a incorporar para la apertura de la categoría de ropa a finales de 2002, con marcas como Nordstrom, Gap, Eddie Bauer y Macy's. Pero también era responsable de que los vendedores en Amazon, al igual que los clientes, tuvieran una experiencia agradable y libre de fricciones. Observamos que, sin una cultura de la experiencia del vendedor, el nuevo negocio no tendría éxito, y adoptamos el «éxito del vendedor» como nuestra misión.

> Observamos que, sin una cultura de la experiencia del vendedor, el nuevo negocio no tendría éxito, y adoptamos el «éxito del vendedor» como nuestra misión. 🔍

73

Los primeros días de Marketplace no fueron fáciles. Primero, lanzamos Amazon Auctions. Creo que llegaron siete personas, si contamos a mis padres y hermanos. Auctions se transformó en zShops, que era en esencia una versión de Auctions a precio fijo. De nuevo, sin clientes. Pero luego transformamos zShops en Marketplace. Al interior de la empresa, Marketplace se conocía como SDP (Single Detail Page). La idea era tomar nuestro inmueble comercial más valioso —nuestra página de detalles del producto— y permitir que los vendedores externos compitieran con nuestros propios gestores de la categoría de venta al menudeo. Era más conveniente para los clientes y, en un año, representaba 5% de las unidades. Hoy, más de 40% de nuestras unidades las venden más de dos millones de vendedores externos en todo el mundo. Los clientes pidieron más de 2000 millones de unidades a los vendedores en 2014.

El éxito de este modelo híbrido aceleró el volante de Amazon. En un principio, los clientes se sintieron atraídos por nuestra creciente selección de productos vendidos a excelentes precios con una gran experiencia para el cliente. Para aquel entonces, permitir que terceros ofrecieran productos en paralelo nos hizo más atractivos para los clientes, lo que atrajo también a más vendedores. Asimismo, contribuyó a nuestras economías de escala, lo que repercutió en bajar los precios y eliminar los gastos de envío para los pedidos que cumplían los requisitos. Una vez introducidos estos programas en Estados Unidos, los extendimos tan rápido como pudimos al resto de nuestras zonas geográficas. El resultado fue un mercado que se integró a la perfección con todos nuestros sitios web globales.

Trabajamos duro para reducir la carga de trabajo de los vendedores y aumentar el éxito de sus negocios. A través de nuestro programa Selling Coach,[4] generamos un flujo constante de «avisos» automatizados aprendidos por la máquina (más de setenta millones en una semana normal), que alertan a los vendedores sobre las oportunidades para evitar quedarse sin existencias, añadir una

---

[4] Tutoría de ventas (N. de t.).

selección que se esté vendiendo y afinar sus precios para ser más competitivos. Estos «avisos» se traducen en un aumento en las ventas de miles de millones para los vendedores.

Jeff Bezos[5]

En aquel momento, el mercado de vendedores externos dominante era eBay. Su mentalidad era muy *laissez-faire*; tan solo conectaban a los compradores con los vendedores, responsabilizándose poco de la experiencia del cliente o de la confianza entre comerciantes y compradores. Si buscabas un modelo concreto de cámara, podías obtener páginas y páginas de listados individuales que no ofrecían ninguna ayuda para entender cómo se comparaban los artículos o las ofertas de venta. (Por cierto, desde entonces eBay ha cambiado y mejorado de manera significativa en muchas de estas áreas, en mayor parte, debido a la presión derivada del éxito de Amazon).

Por el contrario, definimos tres principios fundamentales de diseño que eran importantes para nosotros al construir nuestro negocio de mercado de terceros:

1. Presentar al cliente un único artículo acompañado de una lista de ofertas de venta del mismo artículo que sea fácil de comparar. Llamamos a este principio de diseño «Item Authority» (autoridad del artículo). Crear una definición única del artículo, que permitiera a múltiples vendedores, incluido Amazon, hacer ofertas para venderlo. Queríamos crear un mercado en el que los vendedores compitieran por el pedido de una forma que funcionara en beneficio del cliente.
2. Hacer posible que los clientes confiaran en nuestros vendedores externos tanto como confiaban en la propia Amazon. Pusimos en funcionamiento el concepto de «confianza del vendedor» de varias maneras.

[5] Bezos, Jeff, «1997 Letter to Shareholders», *Amazon*. Consultado: 15 de abril de 2021, sec.gov/Archives/edgar/data/1018724/000119312515144741/d895323dex991.htm.

3. Proporcionar grandes herramientas para los vendedores, incluidos múltiples métodos de venta y variedad de datos para ayudar a los comerciantes a operar sus negocios en Amazon. Para los pequeños vendedores, se necesitaron herramientas sencillas. Para los vendedores de gran volumen más sofisticados, se sugirió proporcionarles diferentes tipos de funcionalidades integradas. La documentación, las métricas operativas, los entornos de prueba y los socios de servicios profesionales debían desarrollarse para ayudar a los vendedores a tener éxito mientras el equipo de Amazon se mantenía reducido.

Es evidente que se trata de un programa ambicioso que requiere una integración muy compleja entre los vendedores y Amazon. Era claro para mí que Amazon no disponía de los recursos humanos necesarios para gestionar de forma manual una plataforma como esta a gran escala. Teníamos que lograr que el mercado de terceros fuera de autoservicio. Debíamos ofrecer una herramienta fácil de usar, en extremo intuitiva para los vendedores, así como un sistema que eliminara de alguna manera a los vendedores de baja calidad del mercado y mantuviera así la máxima confianza de los clientes.

Nos dimos cuenta de que la única manera de lograrlo era tomar como estrategia el TOP. Por fortuna, Jeff Bezos sonríe a los proyectos diseñados para hacer crecer un negocio mediante plataformas de autoservicio. Una de las técnicas favoritas de Jeff es crear una función forzada: un conjunto de directrices, restricciones o compromisos que fuerzan un resultado deseable sin tener que gestionar todos los detalles para que se produzca. Las funciones forzadas son una poderosa técnica utilizada en Amazon para imponer una estrategia o un cambio.

Un ejemplo de función forzada son los conceptos de recuento directo e indirecto de la nómina. La nómina directa de un proyecto concreto suele incluir a los ingenieros de desarrollo de sistemas (*system development engineers*, SDE), los directores de programas técnicos y las personas que negocian los contratos, como los directores de proveedores. En opinión de Jeff, estas eran las habilidades esenciales para construir una empresa escalable. El resto del personal —los empleados que no crean una mejor experiencia para el cliente— se consideraba indirecto. La función forzada consistía en que la adquisición de personal directo era, en cierta forma, fácil de aprobar. Sin embargo, el número de empleos indirectos estaba limitado, y tenía que justificarse demostrando que disminuiría con la escala del negocio.

Al edificar el negocio de terceros, mi nómina indirecta estaba formada por los gestores de cuenta que contraté para asistir a los comerciantes a completar su integración en Amazon. Al principio, estos gestores hacían el lanzamiento de entre 15 y veinte comercios a la vez, pero en poco tiempo estaban poniendo en marcha entre cincuenta y cien comercios. Con el tiempo, el número llegó a ser astronómico. La función forzada hizo justo lo que se pretendía que hiciera: nos permitió crear funciones y procesos que se desarrollaron bien y se hicieron más eficientes con el tiempo.

Bajo mi dirección, las herramientas creadas por nuestro equipo, las métricas, los cuadros de mando, las alarmas y otras funcionalidades ayudaron a los vendedores a cumplir todos sus compromisos contractuales con nosotros y a satisfacer los altos estándares de nuestro mercado y, en última instancia, cumplir las expectativas de sus clientes. También creamos varias herramientas tecnológicas y operativas para supervisar su rendimiento. Por ejemplo, controlamos el precio y la disponibilidad de un artículo en el sitio web del vendedor para asegurarnos de que no fuera más barato o más fácil de comprar que en el mercado de Amazon, e identificamos a los vendedores que asumían compromisos poco razonables o no cumplían sus promesas.

Al final, creamos un índice de confianza del vendedor basado en todos los puntos de contacto entre el comerciante y el cliente, así como en todas las promesas que hacía el vendedor. Cada vendedor podía hacer un seguimiento de las respuestas a preguntas como: ¿es bueno mi contenido? ¿Estoy cumpliendo con los pedidos a tiempo? ¿Gestiono bien las devoluciones? ¿Son buenos los comentarios de mis clientes? Todo ello se recogía en un índice agregado que arrojaba una puntuación para cada vendedor.

Utilizamos muchas funciones y algoritmos para recompensar a los vendedores de alto rendimiento (por ejemplo, hacer que aparezcan en la parte superior de los resultados de búsqueda). De este modo, el mercado de terceros se convirtió en una meritocracia muy eficiente y autogestionada. Si la puntuación de un vendedor era muy baja, nuestro equipo de gestión mantenía varias conversaciones con él antes de eliminarlo por fin de la plataforma.

> Si la puntuación de un vendedor era muy baja, nuestro equipo de gestión mantenía varias conversaciones con él antes de eliminarlo por fin de la plataforma.

De igual manera, la Item Authority era importante. A primera vista parecía sencilla, pero fue quizá la innovación por excelencia del inventar y simplificar del programa de vendedores y una de las principales razones de nuestro éxito. Para aumentar la selección de artículos, la disponibilidad y la competencia de precios, inscribimos a varios vendedores de los mismos artículos. Así, Item Authority reunió en una sola página todos los contenidos de los vendedores del mismo artículo. Esto obligó a los vendedores a competir en precio, selección y comodidad, al tiempo que mejoraba de manera notable la experiencia del cliente. En lugar de tener que buscar en páginas y páginas la mejor oferta para un mismo artículo —así es como funcionaba eBay en ese momento—, se presentaba a los clientes la oferta más competitiva.

Todas estas innovaciones, en conjunto, funcionaron bien. Hoy en día, existen más de dos millones de vendedores externos, lo cual representa 40% de todas las unidades enviadas y vendidas por Amazon. Así es como Amazon describe la misión y la naturaleza crucial de Item Authority (el fragmento proviene de la descripción de una vacante de trabajo):

Item Authority es un servicio crucial en el corazón de Amazon, y estamos buscando un gerente de *software* apasionado, orientado a los resultados y creativo para dirigirlo. Cuando un comerciante envía un producto para su inclusión en el catálogo de Amazon, Item Authority busca coincidencias en el catálogo. Este servicio aprueba la asignación de esa oferta a una pagina, autoriza la creación de una nueva página o, por el contrario, rechaza el envío con algún error. Y lo hace decenas de millones de veces al día.

Esta tecnología de «coincidencia» permite la creación de SDP que ayudan a Amazon a proporcionar una gran experiencia a nuestros clientes. Se basa en gran medida en la tecnología de búsqueda (utilizando A9), la autoclasificación, las reglas personalizadas y en las técnicas de aprendizaje automático para el éxito. El candidato ideal se desenvuelve en un entorno acelerado, comprende los elementos de la coincidencia, la búsqueda y el aprendizaje automático, y nos ayudará a crear funciones que reduzcan la fricción de los comerciantes y aumenten los ingresos de Amazon.[6]

Descrito de esta manera, todo parece bastante sencillo, incluso obvio. Pero ahora que conoces la historia detrás de la historia, puedes ver que inventar la Item Authority y los otros elementos del programa de vendedores externos de Amazon, para luego simplificarlos en beneficio de cada usuario de la plataforma, no fue nada fácil.

Logística de Amazon

Muchos casos clásicos de inventar y simplificar en Amazon son procesos y funciones entre bastidores en el cumplimiento y el servicio al cliente. Un ejemplo es la Logística de Amazon, una idea impulsada por el éxito del negocio de los vendedores externos. Durante la primera década de su existencia, Amazon había construido un vasto sistema de espacio de almacenamiento físico, sistemas de tecnología y procesos que optimizaban la ubicación de los artículos en correlación con la demanda.

---

[6] Senior Software Development Manager, Item Authority», sitio web de Amazon, Amazon/gp/jobs/221091.

79

Conforme el mercado de vendedores externos despegó, quedó claro que, si podíamos permitir que otros aprovecharan esas funcionalidades, habría mayores beneficios tanto para nuestro nuevo negocio de terceros como para Amazon en su conjunto.

La idea germinó cuando Amazon firmó acuerdos de colaboración con Toys R Us y Target para gestionar sus infraestructuras de comercio electrónico. Cuando ambas empresas empezaron a almacenar sus artículos en la red de distribución de Amazon, fue evidente que nuestras funcionalidades ofrecían la oportunidad de crear mayores economías de escala y de utilidad.

El concepto era bastante sencillo: «Tú lo vendes, nosotros lo enviamos». Con la Logística de Amazon almacenas tus productos en los centros de distribución de Amazon y sus trabajadores los recogen, los empaquetan, los envían y proporcionan el servicio al cliente para estos artículos. Amazon había creado una de las redes logísticas más avanzadas del mundo, y cualquier negocio podía ahora beneficiarse de su experiencia. En una encuesta realizada en 2013, el 73% de los encuestados informó que sus ventas por unidad habían aumentado en Amazon en más de un 20% desde que se incorporaron a la Logística de Amazon.[7]

> El concepto era bastante sencillo: «Tú lo vendes, nosotros lo enviamos».

Además, los productos listados a través de la Logística de Amazon también se convirtieron en elegibles para el Super Saver Shipping y descuentos de envío de Amazon Prime, envoltura de regalos, servicio de atención al cliente de Amazon 24 horas al día, y cuenta regresiva para el envío en un día. En otras palabras, los vendedores pueden sacar provecho de la quizá más poderosa marca minorista del mundo. ¡Esto ha creado un nuevo y gran volante!

---

[7] «What is Fulfillment by Amazon (FBA)?», *YouTube*. Última modificación: 17 de julio de 2013, youtube.com/watch?v=lAi4fPb_kp4.

Amazon Web Services (AWS)

Ningún debate sobre los negocios de la plataforma de Amazon estaría completo sin un análisis de Amazon Web Services (AWS). Es un excelente ejemplo del principio de Jeff sobre inventar y simplificar. AWS ofrece a las empresas tecnologías y funcionalidades que pueden expandir la infraestructura o reducirla si la necesidad disminuye. Esta flexibilidad en el uso de los recursos le da a las empresas un impulso a una nueva y enorme escala.

Más brillante aún fue que Amazon tomara una funcionalidad crucial para su negocio de venta al menudeo y una partida de gasto considerable, para construir e innovar a la escala de su visión; dicha funcionalidad era esencial para la experiencia del cliente y estaba en relación con las dependencias sobre los otros.

Después transformaron esa necesidad y ese gasto en un servicio básico y lo convirtieron en un enorme centro de beneficios. AWS tuvo una ventaja de seis años gracias a sus líderes e inventó un negocio con casi 45 000 millones de dólares de ingresos anuales y sigue creciendo 30% al año.[8]

En su carta de 2018 a los accionistas, Jeff escribe:

Las mayores impulsoras del cambio serán las cosas que los clientes no saben pedir. Debemos inventar en su nombre. Tenemos que aprovechar nuestra propia imaginación sobre lo que es posible.

La propia AWS, en su conjunto, es un ejemplo. Nadie pidió un AWS. Nadie. Resulta que el mundo estaba preparado y hambriento de una oferta como AWS, pero no lo sabía. Tuvimos una corazonada, seguimos nuestra curiosidad, asumimos los riesgos financieros necesarios y empezamos a construir: reparando, experimentando y repitiendo innumerables veces a medida que avanzábamos.

Dentro de AWS, ese mismo patrón se ha repetido muchas veces. Por ejemplo, inventamos DynamoDB, una

---

[8] Novet, Jordan, «Amazon cloud revenue jumps 29%, in line with expectations», CNBC. Última modificación: 29 de octubre de 2020, cnbc.com/2020/10/29/amazon-cloud-revenue-jumps-29percent-in-line-with-expectations.html.

base de datos de valores clave de baja latencia, altamente expandible, que ahora utilizan miles de clientes de AWS. Y en cuanto a escuchar a los clientes, oímos de manera contundente que las empresas se sentían limitadas por sus opciones de bases de datos comerciales y que llevaban décadas insatisfechos con sus proveedores de bases de datos, pues estas ofertas son caras, patentadas, y las condiciones de licenciamiento, muy exigentes y punitivas. Pasamos varios años construyendo nuestro propio motor de base de datos, Amazon Aurora, un servicio totalmente gestionado y compatible con MySQL y PostgreSQL, con la misma o mejor durabilidad y disponibilidad que los motores comerciales, pero a una décima parte del costo. No nos sorprendió que funcionara.

Pero también somos optimistas respecto a las bases de datos especializadas para cargas de trabajo específicas. En los últimos veinte o treinta años, las empresas han ejecutado la mayoría de sus cargas de trabajo utilizando bases de datos relacionales. La amplia familiaridad con las bases de datos relacionales entre los desarrolladores hizo que esta tecnología se utilizara incluso cuando no era la idónea. Aunque no fuera óptima, el tamaño de los conjuntos de datos era a menudo pequeño, y la latencia de consulta, aceptable, lo suficientemente prolongada como para funcionar. Pero hoy en día, muchas aplicaciones almacenan cantidades muy grandes de datos: terabytes y petabytes. Y los requisitos de las aplicaciones han cambiado. Las aplicaciones modernas exigen baja latencia, procesamiento en tiempo real y la capacidad de procesar millones de solicitudes por segundo. No se trata solo de almacenes de valor clave, como DynamoDB, sino también de bases de datos en memoria, como Amazon ElastiCache; de bases de datos de series temporales, como Amazon Timestream; y de soluciones contables, como Amazon Quantum Ledger Database. Así, la herramienta adecuada para el trabajo correcto ahorra dinero y coloca tu producto más rápido en el mercado.

También nos estamos sumergiendo en ayudar a las empresas a aprovechar el aprendizaje automático (*Machine Learning*). Llevamos mucho tiempo trabajando en esto y, al

igual que con otros avances importantes, nuestros primeros intentos de colocar en el exterior algunas de nuestras
primeras herramientas internas de aprendizaje automático
resultaron ser un fracaso. Fueron muchos años de deam-
bular —experimentación, repetición y perfeccionamiento,
así como la valiosa apreciación de nuestros clientes— para
poder encontrar SageMaker, que se lanzó hace apenas 18
meses. SageMaker elimina el trabajo pesado, la complejidad y las conjeturas de cada paso del proceso del aprendizaje automático, democratizando la Inteligencia Artificial.
Hoy en día, miles de clientes están creando modelos de
aprendizaje automático sobre AWS con SageMaker. Seguimos mejorando el servicio, incluso añadiendo nuevas
funcionalidades de aprendizaje de refuerzo. Este tipo de
conocimiento por refuerzo tiene una curva de aprendizaje
muy pronunciada y muchas partes móviles, lo que lo ha
puesto en gran medida fuera del alcance de todas las organizaciones, excepto de las más técnicas y mejor financia-
das, hasta ahora. Nada de lo anterior sería posible sin una
cultura que fomente la curiosidad y la voluntad de probar
cosas nuevas en nombre de los clientes.[9]

Se puede ver el patrón: la transformación radical de una industria que anhela un nuevo modelo de entrega, en este caso para
los servicios tecnológicos basados en la nube, el desarrollo de
un proceso para impulsar una reducción drástica de los costos
al proporcionar funciones de autoservicio y el impulso hacia la
economía de escala como una plataforma de negocio.

Imitar a la competencia y no tener miedo al fracaso

En los negocios, la innovación es estupenda, pero está claro que,
en muchos campos de alto riesgo, el mimetismo da aún mejores
resultados. Deja que el otro tenga la idea, que invierta el capital,

---

[9] Bezos, Jeff, «2018 Letter to Shareholders», *Amazon*. Última modificación: 11 de abril de 2019, aboutamazon.com/news/company-news/2018-letter-to-shareholders.

que descubra un mercado y que desarrolle procesos operativos. Después, deslízate, roba el proyecto, mejóralo y amplíalo hasta que el otro se quede en el suelo. El imitador suele tener una clara ventaja en esta competencia; el innovador suele estar emocionalmente ligado a la idea original y duda en cambiarla. El imitador tiene la ventaja de tener una perspectiva objetiva y la voluntad de corregir el rumbo conforme sea necesario.

Al principio, Amazon intentó lanzar un negocio de subastas, pero no pudo superar a eBay. Con el aprendizaje de nuestro fracaso, tomamos el concepto de eBay y lo refundimos con los valores y la tecnología propios de Amazon, así creamos nuestro exitosísimo programa de vendedores externos. A Jeff le gusta decir: «Los fracasos suceden». Los tropiezos forman parte de la vida, pero en Amazon es imperativo aprender algo de ellos.

No tengas miedo a fracasar. Algunas de las mejores ideas de Amazon han surgido de las cenizas de la derrota. Pero si esperas tener una larga carrera en Amazon, asegúrate de que el fracaso no sea constante, sin importar lo mucho que aprendas en el proceso.

Una quilla profunda: tu sistema de innovación

Cada año hablo con miles de líderes empresariales. A menudo pido al público que levante la mano si cree que la innovación sostenida y sistemática es fundamental para el éxito de su empresa. Más del 90% del público levanta la mano. De inmediato pregunto: «¿Quién de los presentes tiene un proceso o sistema para garantizar una innovación sostenida y sistemática?». Por lo general, menos del 10% de la audiencia levanta la mano. Asombrados, vemos que la innovación es la clave, pero no estamos dispuestos a convertirla en una prioridad presupuestaria, en una prioridad para nuestro tiempo, en una prioridad para solicitar a los líderes en rangos superiores, en una prioridad para romper con la tradición y la calcificación y hacer que se produzca el cambio, o en una prioridad para estar dispuestos a ser incomprendidos. Si vas a innovar, a menudo tienes que soportar la burla de los demás (los competidores, el mercado financiero, la prensa, etc.) o que sean sarcásticos o negativos.

Si vas a hacer algo nuevo o innovador, tienes que estar dispuesto a ser incomprendido. Y si no toleras eso, entonces, por Dios, no hagas nada nuevo o innovador. Todas las cosas importantes que hemos hecho han sido incomprendidas, a menudo por críticos sinceros y bienintencionados; a veces, por supuesto, por críticos interesados en sí mismos y alevosos.

Hace mil años, empezamos con las llamadas reseñas de clientes. Permitimos que los clientes revisaran los libros. En ese momento solo vendíamos libros. Ellos podían llegar y calificar un libro entre una y cinco estrellas, y podían escribir una reseña basada en un texto. Seguro estás muy familiarizado con esto. Ahora es algo muy normal. Pero en aquel entonces, esto era una locura, y a los editores de libros no les gustaba la idea porque, por supuesto, no todas las reseñas son positivas. Recibí una carta de un editor que decía: «Tengo una idea para ti. ¿Por qué no publicas las reseñas positivas de los clientes?».Y pensé en ello. El argumento que me daba era que nuestras ventas aumentarían si solo publicábamos las reseñas positivas de los clientes. Cuando pensé en su comentario, me di cuenta de que en realidad no creía que fuera así, porque no considero que ganemos dinero cuando vendemos algo; ganamos dinero cuando ayudamos a alguien a tomar una decisión de compra. Y es una forma ligeramente diferente de verlo porque, parte de lo que la gente nos paga es para ayudarle a tomar decisiones de compra. Si lo piensas así, entonces también quieres las críticas negativas. Por supuesto, ha sido muy útil para las personas tener críticas negativas de los clientes y, por cierto, ahora se ha completado el círculo en el que los fabricantes de productos utilizan las críticas de los compradores para mejorar la siguiente generación del producto. En realidad, esto está ayudando a todo el ecosistema. Así que ahora nadie critica las opiniones de los clientes y, aquí en el año 2018, si alguna empresa de comercio electrónico se atreve a decir: «Solo vamos a publicar los comentarios positivos de los clientes», sería una locura muy criticable. Así que lo nuevo e innovador se convierte con rapidez en la nueva normalidad... Yo les digo a mis empleados que, cuando nos critican, hay un proceso simple que debemos seguir. Primero, te miras al espejo y te preguntas: «¿Tiene razón tal crítica?». «¿Estás de acuerdo?». «¿Estamos haciendo algo mal?». Si es así, cambia. Por el contrario, si te miras al espejo y te respondes que la crítica está equivocada, como lo hicimos al introducir las críticas de los clientes, entonces no cambies sin importar la presión que se ejerza. Haz lo correcto también en ese caso. Ten una quilla profunda. Hay que poseer una quilla profunda.[10]

> No considero que ganemos dinero cuando vendemos algo; ganamos dinero cuando ayudamos a alguien a tomar una decisión de compra.

Entonces, ¿cuál es tu sistema de innovación? Amazon, conocida por su peculiar cultura de escritura, cree en «trabajar de adelante hacia atrás», desde el cliente: inventar en nombre del cliente (véase capítulo 12, «profundiza»). Tomar algo difícil, simplificarlo y ofrecerlo como un modelo de consumo convincente. Eso es un patrón de innovación portátil que muchas empresas e industrias han tomado prestado del compendio de innovaciones de Amazon, y todavía existen muchas más oportunidades con este patrón de innovación simple. Pero si no dispones de un sistema de innovación —un compendio—, ¿cuáles crees que sean las probabilidades de repetir la innovación?

---

[10] TheBushCenter, «Forum on Leadership: A Conversation with Jeff Bezos», *Youtube*. Última modificación: 20 de abril de 2018, youtube.com/watch?v=xu6vFIKAUxk.

Capítulo 4. No te equivoques (casi) nunca

Los líderes aciertan casi siempre. Tienen un juicio firme y buenos instintos. Buscan diversas perspectivas y trabajan para desestimar sus creencias.

No nos equivoquemos: en Amazon existe un alto grado de tolerancia al fracaso. Una cultura de innovación exitosa no puede existir sin él. Pero lo que Jeff Bezos no puede tolerar es que alguien cometa el mismo error una y otra vez o que fracase por las razones equivocadas.

Por lo tanto, se espera que los líderes de Amazon acierten mucho más a menudo de lo que se equivocan. Y cuando se equivocan —lo que, por supuesto, ocurrirá cuando una empresa impulsa siempre a alcanzar metas, como lo hace Amazon— se espera que aprendan de sus errores, que desarrollen conocimientos específicos de las razones de esos fallos y que compartan esos aprendizajes con el resto de la empresa.

La cultura resultante de aprendizaje, crecimiento y responsabilidad sería imposible sin la gran importancia de la claridad: claridad en la fijación de objetivos, la comunicación de esos objetivos a toda la organización, el establecimiento de métricas y en el uso de esas métricas para medir el éxito o el fracaso de cualquier iniciativa. Prácticas como «falsear los números», «adivinar», «aproximar» y «torcer las reglas», así como determinar plazos y metas irreales —que son solo aspiracionales, en lugar de objetivos firmes—, todo esto es un anatema en Amazon.

> La cultura resultante de aprendizaje, crecimiento y responsabilidad sería imposible sin la gran importancia de la claridad.

Como ya he mencionado, una de las razones por las que puedo escribir con detalle sobre los 14 secretos de liderazgo de Amazon, mucho después de haber dejado la empresa, es la forma tan clara en que articulamos nuestros objetivos y procesos como equipo y como una organización. Los grandes líderes (como Jeff Bezos) desarrollan un marco sólido y claro; luego, aplican ese marco y lo expresan con precisión a su equipo. Hazlo bien desde el principio y tendrás un excelente mecanismo para optimizar la toma de decisiones de arriba hacia abajo.

Es curioso, pero como líderes en Amazon, se nos pedía escribir nuestras ideas de manera exhaustiva, en narrativa, lo que podría contravenir al valor de la claridad. Al fin y al cabo, ¿qué no la mayoría de las presentaciones empresariales incluyen una serie de diapositivas de PowerPoint con viñetas que, se supone, reducen los conceptos complejos a un puñado de frases breves y vívidas?

Pero, en Amazon, las diapositivas de PowerPoint no estaban permitidas. Si necesitabas explicar una nueva función o inversión al superequipo o al propio Jeff, empezabas con escribir lo que en Amazon se llama un *six pager* o relato. No te puedo decir cuántos fines de semana invertí en este proceso de escritura y edición. Luego, al comenzar la reunión, distribuías este relato y te sentabas en silencio durante diez minutos mientras todos lo leían.

El relato era una herramienta útil para compartir ideas con tus colegas. Pero aún más importante era el proceso de trabajo en el plan o la propuesta, describir esto en forma de relato de manera que los matices, los principios y las características importantes quedaran claros es un objetivo crucial. Como dijo Dwight D. Eisenhower: «Los planes no son nada; la planificación lo es todo». Jeff cree que la dependencia a las presentaciones de PowerPoint entorpece la conversación y no empuja a los equipos a pensar en todas las ramificaciones del tema. Como explicó en una entrevista con Charlie Rose en 2013: «Cuando tienes que escribir tus ideas en frases y párrafos completos, se fuerza una claridad de pensamiento más profunda». Por el contrario, en la típica presentación de PowerPoint, «obtienes muy poca información, tienes viñetas. Esto es fácil para el presentador, pero difícil para la audiencia».[1] Los documentos escritos comparten más información sin necesidad de explicaciones adicionales. Cuando tienes que ser superespecífico, se impulsa aún más la cultura de la claridad, el compromiso y la responsabilidad. Con mis clientes y equipos, trabajo con el enfoque narrativo. Es duro. No se da muy bien al principio. Requiere práctica, no solo en el desarrollo de la narración, sino en el uso y la discusión que surgen a partir del relato. Pero se puede aprender.

Jeff también cree que cuando se les presentan nuevas pruebas y datos a los líderes exitosos, son capaces de adaptar su perspectiva. En consecuencia, busca a personas que revisen a cada instante sus conocimientos y vuelvan a tratar problemas que creían ya resueltos. También busca líderes que puedan mantener una comprensión sagaz de sus negocios a través de métricas, pasión y un gran plan de ejecución. Está convencido de que su sistema de comunicación corporativa, a través de narraciones escritas, desarrollará las ideas de una manera mucho más eficaz, profunda y rápida en comparación con las viñetas y los gráficos supersimplificados.

El comunicado de prensa futuro

El estilo y el formato de las declaraciones de la visión del proyecto de Amazon ofrecen otro excelente ejemplo de la narración como una función forzada. El «comunicado de prensa futuro» de Amazon, redactado como un texto breve, sencillo, claro y digerible, deja muy poco margen de maniobra y obliga al superequipo a cumplir con los parámetros y plazos específicos que se esperan. Esta técnica es tan útil que el lanzamiento de un

---

[1] Rose, Charlie, «Amazon's Jeff Bezos Looks to the Future», *60 Minutes*, 1 de diciembre de 2013.

producto de Amazon casi siempre comienza con lo que solíamos llamar un «comunicado de prensa futuro»: un anuncio del producto escrito antes de que comenzara su desarrollo y utilizado solo con fines internos. La elaboración del comunicado nos obligaba a articular nosotros mismos lo que sería de interés periodístico sobre el producto casi al final del proceso de desarrollo.

Esta es una excelente manera de definir metas, requisitos y objetivos claros y elevados, y de construir un conocimiento amplio desde el principio de un programa o cambio empresarial. Cada vez que tu organización comience a emprender un proyecto competitivo o un esfuerzo crucial —como el lanzamiento de un nuevo producto, una transformación en marcha o la entrada a un nuevo mercado—, la redacción de un comunicado de prensa futuro es una gran técnica. Sigue estas reglas para que sea eficaz:

- Escribe el comunicado como si escribieras en algún momento futuro en el que se haya alcanzado el éxito. Por ejemplo, cuando se espera la presentación de un nuevo producto, es bueno escribir un comunicado de prensa sobre el día del lanzamiento, pero hacerlo sobre algún momento después del lanzamiento es mucho mejor, pues se puede hablar del verdadero éxito.
- Explica por qué la iniciativa es importante para los clientes u otros inversores clave. ¿Cómo ha mejorado la experiencia del cliente? ¿Qué beneficios han recibido los clientes? A continuación, discute otras razones por las que fue importante.
- Establece objetivos audaces, claros y cuantificables, incluidos los resultados empresariales, los objetivos operativos y la participación en el mercado.
- Describe los principios utilizados que te guiaron al éxito. Este es el paso más difícil e importante. Enuncia las cosas difíciles que se han conseguido, las decisiones importantes que se han tomado en el camino y los principios que te guiaron al éxito.

El comunicado de prensa futuro es un tipo de función forzada. Muestra una visión clara para impulsar la comprensión y el compromiso. Una vez revisado y aprobado, a los equipos les resulta difícil retractarse de las promesas que implica. A medida que el proyecto avanza, el líder puede remitirse al comunicado de prensa y utilizarlo para recordar y responsabilizar a los equipos.

Aquí presento el comunicado de prensa que podríamos haber redactado en 2002 cuando lanzamos el negocio de vendedores externos:

Amazon anuncia un enorme crecimiento en el programa de vendedores externos, deleitando a clientes y a vendedores.

Seattle, Washington: Amazon ha anunciado hoy los resultados del negocio de vendedores externos. Utilizando la plataforma de vendedores externos, los clientes de Amazon pueden ahora comprar entre muchas categorías de productos, incluyendo ropa, artículos deportivos, decoración del hogar, joyería y electrónica, con una increíble selección, precio y una experiencia igual a los pedidos realizados por Amazon.

«El cliente de Amazon ahora piensa en nuestra empresa para cualquier necesidad al por menor gracias al negocio de vendedores externos. Más de 30% de todas las órdenes en Amazon son ahora pedidas, vendidas y completadas por terceros, a través de diez nuevas categorías de productos que han sido ampliadas», explicó el Director de Integración Comercial, John Rossman. «Nos enfrentamos a varios obstáculos para conseguirlo. En primer lugar, tuvimos que asegurarnos de que los clientes confiaran en comprar a un vendedor externo tanto como confían en comprarle a Amazon, el minorista. En segundo lugar, hemos tenido que habilitar un autoservicio completo para los vendedores, desde el registro hasta las operaciones. Los vendedores ahora pueden registrarse, listar productos para vender, tomar pedidos y completarlos en medio de la noche, sin tener que hablar con alguien en Amazon».

En 2017, Andy Jassy, entonces director ejecutivo de AWS, recordaba el documento de lo que se ha convertido en AWS, que fue escrito hacia 2003. Decía: «Si lees el documento, el modelo mental declarado era que un individuo, en su dormitorio o garaje, tendría acceso a la misma estructura de costos y escalabilidad de infraestructura que las empresas más grandes del mundo».[2] La claridad al definir el superpoder que se le daría a un cliente en ambos es muy similar.

Si quieres aumentar las posibilidades de alcanzar tus objetivos al lanzar cualquier iniciativa importante, asegúrate de definir y explicar esos objetivos con total claridad desde el principio. El comunicado de prensa futuro es una herramienta útil para hacer que suceda.

Claridad y la cultura del rendimiento

No existe escondite para tus fracasos en una cultura que responsabiliza a las personas de sus métricas. Como dijo una vez Manfred Bluemel, antiguo investigador de mercado de Amazon: «Si puedes soportar un bombardeo de preguntas, entonces elegiste la métrica correcta. Pero más vale que seas organizado. El mejor número gana».[3]

Bluemel se refería a la «cultura del gladiador» de Amazon. Dado que los números proporcionan una prueba cristalina e indiscutible de los líderes que aciertan con más frecuencia, Amazon funciona lo más cerca posible de una verdadera meritocracia. No puedo exagerar lo importante que es esto para minimizar la burocracia en la organización. Cuando Jeff compró *The Washington Post* en 2013, un reportero del periódico me entrevistó sobre este fenómeno cultural en Amazon. Le expliqué cómo se tomaban las decisiones clave durante mis años en la

---

[2] Paul G. Allen School, «UW CSE Distinguished Lecture: Andy Jassy (Amazon Web Services)», *Youtube*. Última modificación: 10 de febrero de 2017, youtube.com/watch?v=QVUqyOuNUB8 ~12:20.

[3] «Inside Amazon's Idea Machine», *Forbes*, 23 de abril de 2012.

empresa: «No era el título, sino quién tenía la mejor idea. ¿Quién pone la solución en la mesa? Eso era lo más importante».[4]

> Dado que los números proporcionan una prueba cristalina e indiscutible de los líderes que aciertan con más frecuencia, Amazon funciona lo más cerca posible de una verdadera meritocracia.

Para ser sincero, como líder de Amazon, no tienes la oportunidad de cometer muchos errores. Si metes la pata durante el tiempo suficiente, o por las razones equivocadas, la tribu sencillamente te expulsará. Es la cultura de rendimiento más fuerte que he experimentado, y está vinculada a las métricas, los resultados y a acertar muchas veces.

«¿He tenido un buen día hoy?».
La respuesta del ingeniero

En Amazon, tener un cuadro de mando equilibrado y bien diseñado de métricas que se revisan todo el tiempo, día tras día, semana tras semana, proporciona información detallada de lo que funciona y no. También hace que la responsabilidad del éxito y del fracaso recaiga exclusivamente en ti como líder.

El rendimiento repetible y consistente reflejado en las métricas es el modelo de referencia para el éxito en Amazon. Sin acceso a un conjunto consistente de métricas, un líder de Amazon estaría volando a ciegas, y un comportamiento tan arriesgado no es aceptable en la empresa. Amazon confía en las métricas o la instrumentación en tiempo real más que cualquier otra empresa en la que haya participado. Los datos y la información reales de la experiencia del cliente se utilizan de manera continua para responder a la pregunta: «¿He tenido un buen día hoy?». Si tus

---

[4] «Jeff Bezos, The Post's incoming owner, known for a demanding management style at Amazon», *The Washington Post,* 7 de agosto de 2013.

métricas están en su sitio, son en tiempo real, y tu equipo y tus procesos las utilizan, esta pregunta arroja un simple «sí» o «no» como respuesta.

Ser líder fiel a los números requiere previsión. Hay que integrar las métricas en tiempo real, desde el principio de un programa, porque son casi imposibles de reestablecer. La experiencia de Amazon nos muestra que la mayor oportunidad para las empresas que operan en la actualidad es repensar en su totalidad el concepto de las métricas. La mayoría de las empresas utilizan lo que se denomina *procesamiento por lotes* para registrar grandes conjuntos de transacciones u otras actualizaciones cuantitativas y procesarlas con cierta periodicidad (por día o por semana es lo típico). El procesamiento por lotes es del siglo pasado. Hoy en día, necesitas datos, monitorización y alarmas, todo en tiempo real, cuando el problema se está gestando; no necesitas métricas con retraso que oculten los problemas reales durante 24 horas o más. Tu empresa debe funcionar como un reactor nuclear. Si un problema surge, tienes que saberlo de inmediato.

Por ello, la palabra *instrumentación* es útil. La sensación que genera es diferente a la de las métricas o la inteligencia empresarial. Un piloto de avión necesita datos precisos en tiempo real. No puede existir latencia porque no hay «tiempo de inactividad» en un avión. La introducción del concepto de instrumentación fue un cambio grande e importante en Amazon, muy vinculado a nuestro compromiso con las interfaces de programación de aplicaciones (API) y las arquitecturas orientadas a servicios (SOA). La instrumentación como característica fundamental proporcionó el panel de control para entender el rendimiento y los problemas en tiempo real. En la búsqueda de una verdadera instrumentación, Amazon desarrolla sus funcionalidades en tiempo real. Durante mi tiempo en la organización, Amazon hizo un seguimiento de su rendimiento en relación con unos quinientos objetivos medibles, de los cuales casi 80% tenían que ver con los objetivos de los clientes.[5]

---

[5] Anders, George, «Inside Amazon's Idea Machine», *Forbes*, 23 de abril de 2012.

Cuando dirigía nuestro negocio de vendedores externos, decidimos que queríamos que los clientes confiaran tanto al comprar a un tercero como lo hacían al comprarle a la propia Amazon. Solo por haber incorporado instrumentos en tiempo real desde el principio, podíamos preguntar a un vendedor externo: «¿Por qué no estás cumpliendo con esto a tiempo?» o «¿Por qué este artículo está disponible en tu sitio, pero no a través de Amazon?». La clave era que nuestras herramientas de medición tenían que ser procesables y actuales, lo más cerca posible del tiempo real. Empezamos con el concepto de *pedidos perfectos*, que ya se utilizaba en la venta minorista de Amazon como forma de evaluar a los vendedores. Las métricas específicas que desarrollamos para medir el rendimiento de los vendedores fueron las siguientes:

Tasa de pedidos defectuosos. Se trata del porcentaje de pedidos de un vendedor que ha recibido comentarios negativos (calificación de una o dos estrellas por cliente), una reclamación de Garantía de la A a la Z o una solicitud de devolución de cargo a tarjeta de crédito (cuando un cliente reclama al banco un cargo a su tarjeta de crédito). La tasa de pedidos defectuosos permite a Amazon medir el rendimiento global con una sola métrica. Es claro que un vendedor que mantiene un alto porcentaje de comentarios negativos no está a la altura de la filosofía centrada en el cliente de Amazon.[6]

Tasa de cancelación previa al envío. Es el porcentaje de pedidos cancelados por un vendedor por cualquier motivo antes de la confirmación del envío.

Tasa de retraso en el envío. Es el porcentaje de pedidos con confirmación de envío que se retrasan tres o más días. Los pedidos con confirmación de envío tardía pueden dar lugar a un aumento de los contactos con los compradores y tener un impacto negativo en la experiencia del cliente.

Tasa de reembolso. Es el porcentaje de pedidos que un vendedor reembolsa por cualquier motivo.

---

[6] «Order Defect Rate», *Amazon Seller Central.* Consultado: 15 de abril de 2021, sellercentral.amazon.com/gp/help/external/G200285170?language=en_US.

95

Todos los vendedores deben trabajar para alcanzar y mantener un nivel de servicio al cliente que cumpla los siguientes objetivos de rendimiento:

- Tasa de pedidos defectuosos: <1%
- Tasa de cancelación previa al envío: <2.5%
- Tasa de retraso en el envío: <4%

El incumplimiento de estos objetivos a menudo resulta en la eliminación de los privilegios de venta de la persona. En el interior de la empresa, las métricas se combinan con otras medidas de eficacia y calidad del rendimiento de los vendedores, como las calificaciones de los compradores y el número de contactos con el servicio de atención al cliente.[7]

Los ingenieros de sistemas y de *software* siempre estarán en la cima de la cadena alimenticia en una cultura de innovación y métricas porque crean los algoritmos patentados que permiten a los líderes revisar el pulso de sus negocios cada segundo del día. Jeff Bezos y Amazon tienen la profunda convicción de que pequeños equipos de ingenieros de talla mundial pueden innovar las burocracias a gran escala. ¿Por qué? Tiene mucho que ver con la preferencia instintiva por la claridad que los ingenieros desarrollan a través de toda una vida de trabajo con números y requisitos de sistemas. Mientras que los burócratas se ofuscan, los ingenieros aclaran su pensamiento en automático. La claridad es el estilo de Amazon, y es la base de la cultura de la responsabilidad que Jeff se enorgullece de haber creado.

> Mientras que los burócratas se ofuscan, los ingenieros aclaran su pensamiento en automático.

---

[7] «Seller Performance Management», sitio web de Amazon, Amazon/gp/help/customer/display.html?nodeId=12880481.

Estos hábitos —relatos, comunicados de prensa futuros, métricas— son hábitos de campeonato. Son el requisito previo del trabajo duro que tienes que hacer durante años si quieres alcanzar la medalla de oro. Estos son algunos de los hábitos o mecanismos que ayudan a los líderes de Amazon a «acertar, casi siempre».

Capítulo 5. Aprendizaje y curiosidad

Los líderes nunca terminan de aprender y siempre buscan mejorar. Sienten curiosidad por las nuevas posibilidades y actúan para explorarlas.

No solo se espera que los líderes de Amazon «acierten, casi siempre», sino también que sean expertos en campos diversos. El riesgo de la «experiencia», sin embargo, es la arrogancia, que no permite ver más allá del pensamiento convencional. Una mente cerrada no puede ver nuevas ideas o rumbos. Para evitar esto, se anima a los líderes de Amazon a aprender, a ser curiosos, a encontrar una manera de llegar al «sí» y a poseer una mentalidad de principiante.

> El riesgo de la «experiencia», sin embargo, es la arrogancia, que no permite ver más allá del pensamiento convencional.

Todavía es el Día uno

Bezos tiene un mensaje recurrente para los inversores, empleados y al resto de la industria: «Este es el Día uno para internet. Todavía tenemos mucho por aprender». Como recordatorios constantes de esta creencia fundamental, dos de los edificios más grandes del campus de Amazon en Seattle se denominan Día 1 Norte y Día 1 Sur.

Si bien el lema del «Día uno» sirve como recordatorio de que internet todavía es joven y prometedor, el principio de liderazgo de aprendizaje y curiosidad subraya una orientación fundamental a la que los buenos líderes se adhieren en Amazon: dejar de aprender es dejar de innovar.

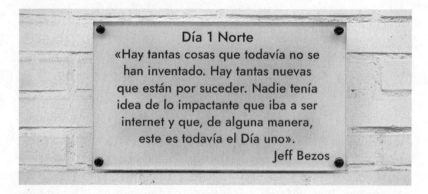

Día 1 Norte
«Hay tantas cosas que todavía no se han inventado. Hay tantas nuevas que están por suceder. Nadie tenía idea de lo impactante que iba a ser internet y que, de alguna manera, este es todavía el Día uno».
Jeff Bezos

Figura 5.1. Traducción del texto de la placa del Edificio Day 1 North de Amazon.

Kimberly Reuter es una exlíder de Amazon con una larga trayectoria en la función de aduanas y distribución. Aprendió los pormenores de la logística internacional y el cumplimiento de la normativa durante 15 años en varias empresas líderes en el transporte de carga. Debido a su experiencia en este campo, Amazon contrató a Kimberly para ampliar de forma espectacular su negocio transfronterizo para clientes y vendedores externos. Así que, de manera natural, Kimberly asumió que su nuevo trabajo en Amazon aprovecharía no solo su experiencia, sino también los procesos y procedimientos que había utilizado una y otra vez a lo largo de su carrera.

Su experiencia y sus mentores le habían enseñado que las aduanas y el cumplimiento normativo eran un sistema de procedimientos y reglamentos prescritos. El trabajo de un líder de desempeño exitoso era conocer el proceso y las regulaciones apropiadas para despachar y reportar las importaciones y exportaciones a nivel transaccional.

Bienvenido al Día uno

Amazon ofrecía otro tipo de procesos y procedimientos a Kimberly en su nuevo cargo de directora de Cadena de Suministro Global y Logística: procesos y procedimientos que se expandían. Lo que durante mucho tiempo había identificado como un modelo mental eficiente y rápido, en realidad era lento y demasiado transaccional en su nueva empresa. Ser una experta y conocer la normativa era solo el principio. No solo debía conocer la normativa, sino que también necesitaba amplificarla a millones y millones de transacciones, todo ello a un ritmo acelerado. Tal como Kimberly lo expresó: «Fue realmente desorientador. Me pasé los primeros meses diciendo: "No, eso no es posible", muchas veces».

Uno de los líderes de alto cargo y mentor de Kimberly en Amazon le dio una importante lección. «Me sentía muy frustrada cuando me incorporé y nadie escuchaba mis decisiones, que en su mayoría recibieron un "no"», compartió. Cuando consultó a su mentor para que la aconsejara, este la instruyó sobre la palabra *no*. «Mi mentor me pidió que me sentara y me informó que en Amazon no existe el "no". Si quería tener éxito, debía encontrar soluciones, no importaba cuán complicadas fueran, y necesitaba hacerlo rápido».

Además, Kimberly era responsable de mantener los procesos y procedimientos en regla. Si iba a innovar, debía ser capaz de presentar opciones, alternativas, concesiones y oportunidades, lo cual le exigía combinar tanto sus años de experiencia como una «mentalidad de principiante». Esta mentalidad de principiante es abierta, curiosa y humilde. «Fue necesario cambiar por completo mi modelo mental, empezar de cero. Dejé de lado el ego de tener la razón y volví a ser curiosa. Me obligué a pensar que todo era posible de alguna manera». Kimberly adoptó la mentalidad del Día uno. El marco mental del Día uno prohíbe que las ideas preconcebidas y la experiencia se conviertan en un obstáculo para innovar y mejorar.

En el libro *Good to Great* de Jim Collins, una de las claves de la grandeza organizativa es la presencia de líderes nivel 5, es decir, líderes que combinan humildad y voluntad. Collins afirma: «Al igual que los científicos inquisitivos, los mejores líderes corporativos que hemos investigado se mantienen como estudiantes de su trabajo, se hacen preguntas sin descanso —¿por qué, por qué, por qué?— y mantienen una compulsión incurable por exprimir los cerebros de las personas que conocen».[1] La arrogancia ha sido la perdición de muchas sociedades, empresas y líderes. Adoptar una mentalidad de principiante para valorar el aprendizaje, ser curioso, preguntar siempre *por qué* y buscar oportunidades y amenazas competitivas en lugares inusuales ayudará a un equipo de éxito a evitar la arrogancia y la trágica caída que con certeza le sigue.

¿Qué perro no ladra?

Un corolario vital del aprendizaje, la humildad y la mentalidad de principiante es la disposición a reconocer las amenazas potenciales dondequiera que estén. Ninguna empresa es tan poderosa y exitosa como para permitirse pasar por alto a los competidores emergentes, incluso a aquellos que pueden parecer inocuos o benéficos.

En el relato de sir Arthur Conan Doyle «Silver Blaze»,[2] el legendario detective Sherlock Holmes debe resolver el misterio de un caballo de carreras desaparecido y el aparente asesinato a medianoche de su entrenador. Al final deduce que el crimen fue un trabajo interno, porque el perro en la escena del crimen no ladró, lo que indicaba que el criminal era alguien bien conocido por el animal. A Jeff le gusta utilizar esta historia de «el curioso incidente del perro en la noche» como punto de partida para una discusión sobre la urgente necesidad de que los líderes aborden los puntos ciegos de Amazon como empresa.

---

[1] Collins, Jim, *Good to Great*, Harper Business, 16 de octubre de 2001.
[2] «Estrella de plata», título en español *(N. de t.)*.

Un directivo de Amazon me contó que en una reunión externa de la dirección de Servicios Comerciales, uno de los altos cargos de Amazon relató cómo el superequipo había utilizado el ejercicio del perro que no ladra para reconocer que una de las amenazas a largo plazo más importantes de la empresa era nada más y nada menos que Google. A primera vista, Google no parecía un competidor directo. De hecho, parecían amigos y aliados potenciales. Pero a medida que los líderes de la empresa discutían las capacidades de Google y algunos de los productos y servicios innovadores que habían estado desarrollando, se dieron cuenta de que tenía una capacidad creciente de invadir el espacio de Amazon. El ejercicio de buscar «al perro que no ladra» ayudó a revelar la posibilidad de que una importante amenaza competitiva estuviera al acecho delante de sus narices, invisible a plena vista.

Como respuesta, Amazon redujo su dependencia a Google al mejorar sus propias capacidades de búsqueda y crear lugares en la red donde los clientes pudieran llegar a Amazon directamente sin necesidad de Google.

La voluntad de emprender una constante autoevaluación —tanto como líderes individuales y como organización— es vital para mantener el éxito. Y no puedes realizar tal examen con eficacia sin una gran dosis de humildad y la voluntad de mirarse en el espejo para reconocer honestamente lo que ves allí. En la mayoría de las organizaciones, la mentalidad típica es: «Tengo tantas necesidades y amenazas obvias que no puedo dedicar tiempo a buscar las que no son obvias, y mucho menos a hacer algo al respecto». En 2018, Jeff Wilke, director general de Operaciones Mundiales al Consumidor en Amazon, compartió sus impresiones sobre el más reciente de los principios de liderazgo de Amazon:

> **La voluntad de emprender una constante autoevaluación, es vital para mantener el éxito.** Q

El impulsor más importante de esa incorporación fue la idea de que nos estábamos volviendo muy buenos y exitosos, y también el temor que la acompaña: el de volvernos autocomplacientes.

Una fuente clave de la autocomplacencia es la pereza por aprender. Estábamos hablando de cómo las compañías pasan de ser empresas de Día uno a empresas de Día dos. Algo que sucede en las organizaciones exitosas es que los ejecutivos empiezan a creerse su propia prensa. Podrías decir que eso está cubierto por el principio 11, «gana su confianza», que dice: «los líderes no creen que su cuerpo huela a perfume». Pero eso es algo negativo. No es aleccionador. No aborda cómo evitar la autocomplacencia.

El cómo es centrarse en el aprendizaje constante y mantenerse curioso ante todo. Curioso por los defectos, curioso por las cosas del mundo que no están bien y que puedes mejorar, por inventar para los clientes, por las relaciones entre las personas que diriges. Es por ello que añadimos «aprende y sé curioso», entre los principios de liderazgo. Me alegro de haberlo hecho.[3]

A través de este tipo de ejercicios —cuestionamiento constante, no mirar a los competidores, sino a los conceptos más novedosos del mundo académico y de las empresas emergentes—, los líderes y los expertos se mantienen abiertos a nuevas ideas y conservan la mentalidad de principiante. «Los inventores poseen una capacidad paradójica de tener diez mil horas de práctica y ser un verdadero experto en su área y, al mismo tiempo, mantener una mentalidad de principiante, con esa mirada fresca, aun cuando saben tanto de lo suyo, y esa es la clave para inventar. Hay que poseer ambas habilidades. Me convertiré en un experto y mantendré mi mente de principiante».[4]

---

[3] Amazong Staff, «Avoiding the perils of scrappy», *About Amazon*. Última modificación: 14 de agosto de 2018, aboutamazon.com/news/workplace/avoiding-the-perils-of-scrappy.

[4] «Inside the Brain of Jeff Bezos», *BBC Sounds*. Última modificación: 24 de noviembre de 2020, bbc.co.uk/sounds/play/m000pmxh ~10:30.

Este es el sencillo y endiabladamente difícil hábito de Jeff Bezos para ser un innovador sistemático: ser un experto, estar siempre aprendiendo y ser siempre curioso. Por lo general, los líderes necesitan poner mayor esfuerzo en la parte del aprendizaje y la curiosidad, y sentir interés por los avances tecnológicos emergentes que parecieran no estar relacionados es el hábito deliberado que este principio de liderazgo fomenta.

Capítulo 6. Contrata y haz crecer a los mejores

Los líderes elevan el nivel de rendimiento con cada contratación y promoción. Reconocen los talentos excepcionales y los mueven sin duda alguna por toda la organización. Los líderes desarrollan líderes y se toman en serio su papel de formar a otros. Trabajamos en nombre de nuestra gente para inventar mecanismos como la Elección de Carrera.

En 2009, Amazon adquirió la empresa de comercio electrónico de calzado Zappos.com por 807 000 000 de dólares en acciones de Amazon, más unos 40 000 000 de dólares en efectivo y acciones restringidas.[1] Mientras que muchos se sorprendieron por el acuerdo, para mí tenía mucho sentido, aunque no por la razón que se daba en la declaración oficial de Jeff Bezos, que decía: «Zappos es una empresa centrada en el cliente. Vemos grandes oportunidades para aprender unos de otros y crear experiencias aún mejores para nuestros clientes». Si bien esto es cierto, la principal conexión orgánica entre ambas firmas radica en sus políticas de contratación.

El exdirector general de Zappos (y por desgracia recién fallecido) Tony Hsieh se ha convertido en el último abanderado de una cultura empresarial de éxito impulsada por un director general. Se le ha citado diciendo que los errores de contratación le habían costado a su organización cien millones de dólares. Como

---

[1] «Amazon Acquires Shoe E-tailer Zappos», *Bloomberg Businessweek*, 22 de julio de 2009.

respuesta, puso en marcha una política bastante radical de pagar a los nuevos contratados para que renunciaran. Es una estrategia tan contraintuitiva, y al mismo tiempo tan transparente en su forma de pensar, que me recordó de inmediato a Jeff Bezos.

¿Cuál es la idea de pagar a los empleados para que renuncien? En realidad, es muy sencillo. Se trata de probar el compromiso. Si estás dispuesto a aceptar dos mil dólares para dejar Zappos (que era la oferta la última vez que lo comprobé), entonces es obvio que no has entendido lo que la empresa está tratando de hacer. No lo sé con certeza, pero sospecho que la exigencia de Hsieh de que sus empleados lo acepten *todo* fue un factor importante en la decisión de Jeff de comprar su empresa.

Jeff no me ofreció dinero para dejar Amazon en ningún momento durante mi gestión, pero (como he mencionado) pasé por 23 entrevistas durante seis semanas antes de ser contratado. He oído que otros comparan el proceso de reclutamiento con el examen oral al que debe someterse un candidato al doctorado. No tengo un doctorado, pero justo eso es lo que parece. El escrutinio es muy, muy intenso. Un día típico de entrevistas en Amazon puede durar nueve horas. Puedes encontrarte hablando con un grupo de personas que trabajarán para ti si te contratan. Es posible que estés sentado en una reunión estratégica con los altos mandos de la empresa. Quizá te pidan que aportes una solución a un problema en tiempo real. Puede que incluso te muestren la puerta de salida antes de empezar. Se trata de una prueba de compromiso muy comparable a la oferta de Zappos de dos mil dólares por renunciar a la empresa, y refleja la misma creencia importantísima de contratar y retener solo a las personas adecuadas.

> He oído que otros comparan el proceso de reclutamiento con el examen oral al que debe someterse un candidato al doctorado. Q

Desde el principio, Jeff comprendió lo importante que era sembrar en Amazon personas que hicieran suya la cultura que quería crear: tu gente *es* tu empresa. Como resultado, sus estándares son sorprendentemente altos. Como Jeff dice a menudo, es mejor dejar ir a la persona perfecta que contratar a la persona equivocada y tener que lidiar con las ramificaciones. ¿Por qué? Porque deshacerse de una mala contratación es un proceso difícil, largo y costoso y, mientras tanto, arrastra a quienes lo rodean por su incapacidad para ayudar a mantener el volante del crecimiento y la mejora continuos en pleno funcionamiento.

Elevar el estándar en la contratación

Al principio, Jeff aprobaba personalmente cada contratación. Al cabo de unos años, por razones obvias, eso se volvió imposible de hacer. Por lo tanto, para mantener su propio nivel de exigencia dentro de la organización que iba en acelerada expansión, creó lo que denominó el *bar raiser* o «el encargado de elevar la barra».

El *bar raiser* es una persona designada para servir como última línea de defensa para garantizar los estándares de excelencia de Jeff. Tiene poder de veto sobre cualquier contratación potencial, sin importar el «pedigrí» del candidato o su popularidad entre el resto del grupo de contratación. Su trabajo es asegurarse de que la próxima contratación aumente el coeficiente intelectual, la capacidad y la funcionalidad colectiva de la empresa, no disminuirlos. El *bar raiser* también debe medir qué tan «fungible» es el candidato, es decir, qué tan apto es para desenvolverse en nuevas funciones y áreas de la empresa. Jeff expresó esta filosofía de la siguiente manera: «Cinco años después de la contratación de un empleado, ese trabajador debería pensar: "me alegro de que me contrataran cuando lo hicieron, porque ahora no me contratarían"».[2]

Es todo un honor ser nombrado *bar raiser*. La selección se basa en el éxito y la permanencia de las contrataciones que ya

---

[2] Brandt, Richard L., «One Click: Jeff Bezos and the Rise of Amazon», *Portfolio Trade*, 31 de diciembre de 2012.

has hecho. Sin embargo, tener derecho de veto sobre las contrataciones es una función que a menudo te coloca en oposición directa con el equipo que realiza el reclutamiento. Como voz externa, su trabajo consiste en ser una fuerza independiente, libre de la presión de las exigencias laborales que en ocasiones llevan a los equipos de contratación a tomar decisiones precipitadas o miopes.

Aunque no seas el encargado de elevar la barra, tu participación en el proceso de contratación es vital. Jeff nos decía con frecuencia que una decisión de contratación era probablemente la más importante que podíamos tomar como miembros de la organización. Todos sabíamos que toda carrera de un candidato exitoso estaba ligada a la nuestra. Y esta era, sin duda, la función forzada más efectiva por excelencia.

Otra función forzada era nuestra aplicación de reclutamiento personalizada, que exigía a cada entrevistador proporcionar un extenso análisis, escrito a manera de relato, del candidato y una recomendación de *sí* o *no* (sin la opción disponible de «tal vez»). Se esperaba que tus notas fueran lo suficientemente detalladas para justificar tu respuesta; el interrogatorio posterior a la entrevista podía ser casi tan intenso y agotador para el entrevistador como lo había sido para el entrevistado. Los datos se procesaban de inmediato y se aplicaban a la siguiente ronda de entrevistas. El proceso era tan eficiente que el siguiente grupo de entrevistadores solía adaptar sus preguntas para llevar al candidato en las direcciones sugeridas por las respuestas que había dado apenas una o dos horas antes. Como entrevistador, a veces olvidaba escuchar las respuestas del candidato porque estaba muy ocupado dirigiendo mi línea de preguntas en función de los datos del entrevistador anterior o garabateando para registrar todo lo que se decía.

Una vez concluidas las entrevistas, el director de contratación y el *bar raiser* revisaban las notas y los votos de cada entrevista. Si era necesario una intervención inmediata, era obligatorio que todos asistieran. Y, por supuesto, el *bar raiser* podía vetar la contratación sin cuestionarla, sin importar la opinión del equipo ni del director de contratación.

Era un proceso bastante riguroso, que se consideraría excesivo en casi cualquier otra empresa. Pero si realmente crees que tu gente *es* tu empresa, ¿por qué no invertir el tiempo y el esfuerzo necesarios para identificar y contratar solo a los mejores?

Puesto que los estándares son tan altos, la contratación puede ser problemática. Lo que muchos no saben es que Amazon estuvo a punto de quebrar en el año 2000, no mucho antes de mi llegada. No había suficientes ingresos y había demasiados costos. El precio de las acciones se desplomó de cien a 44 dólares, y de veinte a menos de cinco dólares. La empresa cerró el servicio de atención al cliente y se produjeron despidos masivos. Durante los años siguientes, fue muy difícil contratar a los mejores porque no podíamos pagarles lo que merecían, y las opciones de compra de acciones no eran nada atractivas. Había mucho riesgo, y esperábamos que las personas aceptaran un recorte salarial para unirse a nosotros.

Sin embargo, el increíble compromiso de contratar solo a los mejores se sostuvo de manera inquebrantable. Un colega mío no fue capaz de encontrar un candidato adecuado durante más de dos meses, así que eliminaron el puesto y le dijeron que, si no había sido capaz de lograr la contratación, entonces obviamente ni siquiera necesitaba a dicha persona en primer lugar.

Por supuesto, Amazon no duda en aprovechar los métodos simplificados para identificar grandes talentos. En un artículo de CNN *Money* de 2012, Adam Lashinsky explicaba cómo Amazon se había lanzado a «contratar personal militar» porque Jeff estaba impresionado con los conocimientos logísticos de los veteranos y con su predisposición para la acción.[3] De hecho, Amazon tiene un sitio web dedicado al reclutamiento de militares y un historial de contratación y retención de personal exmilitar muy consistente.

---

[3] Stone, Brad, *The Everything Store: Jeff Bezos and the Age of Amazon*, Little, Brown and Company, 15 de octubre de 2013.

111

> Amazon no duda en aprovechar los métodos simplificados para identificar grandes talentos.

Esta práctica de contratar veteranos no consiste en expresar gratitud por el servicio de los exsoldados a nuestro país. Los veteranos encajan en el modelo de negocio de Jeff. Por ello, Amazon no se ha molestado en lanzar una gran campaña de relaciones públicas sobre su programa de empleo militar. Jeff simplemente se dio cuenta de que era un buen negocio.

La calificación aprobatoria es A

En Amazon, ser meramente una «persona confiable» es una sentencia de muerte. Si bien este podría parecer un perfil aceptable en cualquier otra compañía, la percepción de Jeff era diferente. Para él, todos en Amazon son afortunados de estar ahí. Las personas que no sobresalían en sus trabajos fallaban al no contribuir como se debe. En efecto, eran una carga más para el resto de nosotros. Como líderes, se esperaba que trabajáramos con rezagados con este perfil para elevar su desempeño a categoría A+ o crear un incentivo para que se fueran.

Como resultado, Amazon experimentó una rotación sistemática y significativa durante mis años ahí. Jeff nos dijo que centráramos nuestro refuerzo positivo en nuestra gente con calificación de A+; se sentía cómodo con un alto grado de rotación de personal por debajo de ese estándar.

Esta estrategia destacó por la política de compensación. En Amazon, la mayoría de las opciones de acciones se destinan a los empleados con calificación de A+; solo las migajas van para los que tienen B y C. Y, puesto que los salarios eran, relativamente hablando, bastante bajos (creo que el salario más alto en ese momento era de 155 000 dólares), la mayoría de nuestra compensación llegó en forma de acciones. Por lo tanto, tener «una buena B» significaba una caída significativa en las opciones de acciones y oportunidades de promoción. Todo formaba parte de la manera en que Jeff inculcaba el sentido de propiedad en la empresa: nuestra fortuna financiera estaba directamente ligada al éxito de la compañía.

Solo la búsqueda, la contratación y la retención de los mejores empleados hacen posible insistir en los más altos estándares de rendimiento en las actividades cotidianas de tu empresa.

Capítulo 7. Insiste en los más altos estándares

Los líderes tienen estándares de exigencia implacables; muchos pueden pensar que estos estándares son excesivamente altos. Los líderes elevan cada vez más la barra e impulsan a sus equipos a ofrecer productos, servicios y procesos de alta calidad. Se aseguran de que los defectos no se repitan en el futuro y de que los problemas se solucionen para que permanezcan resueltos.

En capítulos anteriores, he descrito numerosas formas en las que Jeff Bezos y el equipo de liderazgo de Amazon han mantenido estándares de calidad «irrazonablemente altos». La pregunta es: ¿cómo ha conseguido una organización tan grande y compleja integrar estos estándares en el ADN de la organización, desde los representantes de atención al cliente de nivel básico hasta el propio director general? La respuesta comienza con la seriedad y consistencia con las que la empresa aplica sus valores declarados: los principios de liderazgo de Amazon. Esos principios son desafiantes, incluso inspiradores, pero también son exigentes en sus demandas.

Esto es lo más importante de los principios: la mayoría se refiere a las expectativas que Amazon tiene para los líderes (probablemente ya has notado que he hecho eco de ese lenguaje en este libro). Envía un mensaje sutil pero enérgico que empodera a cada empleado de Amazon para actuar y pensar como un líder. Cuando todo el mundo se comporta como un líder, actúa como una función forzada para los implacables estándares en los que insiste Jeff.

Esto es lo más importante de los principios:
la mayoría se refieren a las expectativas que
Amazon tiene para los líderes.

Jeff creía que su plantilla, al igual que su tecnología, debía mejorar siempre. Creía que cada nueva contratación debía mejorar la reserva de talento del mismo modo que cada nuevo proceso tecnológico debía aumentar la eficiencia y eliminar las fricciones operativas. Y conforme la organización superaba el tamaño en el que Jeff podía imponer personalmente sus altos estándares de rendimiento, desarrolló instrumentos y métricas para desempeñar ese papel. Una de estas herramientas para hacer cumplir con los estándares es *el acuerdo de nivel de servicio*.

Acuerdos de nivel de servicio

Un acuerdo de nivel de servicio (en inglés SLA por *service level agreement*) es un tipo de contrato que especifica las normas precisas a las que se ajustará un servicio determinado. Un SLA bien redactado determinará las entradas, las salidas y las métricas que se utilizarán para definir la calidad y el rendimiento aceptables. En Amazon, los SLA se utilizan para especificar las expectativas de los servicios prestados tanto a los clientes externos como a los internos.

Puesto que las malas experiencias de los clientes son simplemente inaceptables en Amazon, los SLA se redactan de tal manera que las peores experiencias siguen siendo muy, muy buenas en comparación con el resto de la industria. Cuando te conformas con la media, la mediocridad se instala. Ahí es donde muchas empresas se equivocan con los acuerdos de nivel de servicio.

Jeff transmite constantemente a su equipo que ni los pequeños fallos en el servicio son triviales. Por ejemplo, una de las métricas de Amazon muestra que hasta un minúsculo retraso de 0.1 segundos en la carga de una página web puede traducirse en una caída del 1% en la actividad de los clientes. Por ello, el SLA de

116

Amazon especifica que el peor tiempo de carga de una página —los clientes no experimentan más que una décima parte del 1% del tiempo— debe ser de tres segundos o menos. Estos SLA se negocian mucho. Parte de la revisión semanal de las métricas consiste en debatir y comprender las causas de los fallos de los SLA y las soluciones previstas. Lo más impresionante es que en Amazon todo tiene un acuerdo de nivel de servicio, todo. Por ejemplo, el tiempo que transcurre entre la carga de una imagen y el momento en que aparece en el sitio web tiene un SLA. También lo tiene el tiempo que tarda en cambiar el inventario de un vendedor externo de diez a ocho. Si se puede medir, se mide, y se le asigna un nivel de servicio muy alto.

Esta dedicación a las métricas en tiempo real y a los SLA es uno de los aspectos más singulares de Amazon. La mayoría de las organizaciones no posee la capacidad de recopilar y gestionar tantos datos en tiempo real ni la capacidad de insistir en la instrumentación de los SLA, mucho menos la mentalidad de inversión para hacerlo. Realizarlo no es barato, pero en Amazon la instrumentación es un requisito de lanzamiento no negociable para cualquier programa nuevo.

Como resultado, Jeff y su equipo de liderazgo siempre tienen una imagen muy clara de la salud de la organización. No hace falta decir que si tus números no reflejan las expectativas de Jeff, muy pronto lo sabrás.

«¿Galletas o galletas y bollos?»

En 2003, ayudaba en el lanzamiento de una tienda de terceros dedicada a la comida gourmet. Amazon utiliza una jerarquía de nodos de búsqueda para organizar sus artículos a la venta. Cada nodo representa una categoría de artículos en lugar de los propios artículos. Por ejemplo, un nodo de búsqueda incluye los libros de Harry Potter en lugar de un título individual de la serie de J. K. Rowling. Los identificadores de los nodos de búsqueda son números enteros positivos que reconocen de forma exclusiva las colecciones de productos, como Literatura y Ficción (17),

117

Medicina (13 996), Misterio y Suspenso (18), No Ficción (53), o Aire Libre y Naturaleza (290 060). Amazon utiliza más de 120 000 identificadores de nodos de búsqueda solo en el mercado estadounidense.

De cualquier modo, Jeff y el pequeño grupo que dirigía el lanzamiento estaban conversando sobre los nodos de búsqueda relevantes para la tienda de alimentos gourmet. Fue uno de esos momentos en que Jeff estaba de muy buen humor. Se estaba divirtiendo. Quizás en parte por esta razón, pasamos veinte minutos discutiendo apasionadamente si un nodo de navegación debe ser «Galletas» o «Galletas y bollos». Un bollo, argumentó Jeff, es en realidad un pastel salado grueso y plano, no una galleta, y por lo tanto merecía ser reconocido como tal.

> Un bollo, argumentó Jeff, es en realidad un pastel salado grueso y plano, no una galleta, y por lo tanto merecía ser reconocido como tal.

El nivel de detalle involucrado en esta discusión rayaba en lo absurdo, pero Jeff estaba comprometido y serio ante la importancia de la decisión. Hasta el día de hoy, cada vez que me encuentro pensando que una decisión no es tan importante, me pregunto: «¿galletas o galletas y bollos?».

Después de leer esta historia, podrías pensar: «Jesús, ¡qué microgerente! ¿Cómo se consigue hacer algo?». Tienes un punto. Muchos de los estándares de Jeff son irrazonablemente altos. Y como resultado, la eficiencia se sacrifica en ocasiones. De hecho, algunos de los peores líderes que encontré en Amazon fueron los que se escondieron detrás de las ridículas críticas comunes. Se convirtieron en loros de la ideología en lugar de ser pragmáticos en su aplicación. Como cualquier buena idea o concepto, la idea de altos estándares se puede llevar a un extremo no productivo.

Sin embargo, la mayoría de estos loros burocráticos no duró mucho. Debido a que Amazon es una cultura de métricas y rendimiento, todo al final sale a la luz.

Algunos exempleados de Amazon han descrito la organización como una gran empresa que funciona como si fuera una emergente, lo que significa, creo, que se sienten como si les exigieran hacer un trabajo excelente a un ritmo frenético y vertiginoso y que, a la vez, tuvieran que apegarse a procesos que consumen mucho tiempo, como aquel largo relato escrito y otros procesos de comunicación elaborados.

Todo esto es cierto, supongo. Pero esta es la cuestión. Si quieres trabajar para Jeff, tienes que entender que los principios de liderazgo son más que directrices nebulosas. Ninguno de los 14 principios menciona la necesidad de un equilibrio saludable entre el trabajo y la vida. Eso no es un accidente. Jeff espera que toda su gente funcione como dueña y líder. Quiere que conduzcas el negocio como si fuera tu propio auto, no uno de alquiler de fin de semana.

Al hablar con los actuales y anteriores líderes de Amazon para esta edición de *Hazlo como Amazon*, creo que este principio de liderazgo es el más difícil de aplicar y de utilizar de manera correcta. Como cualquier doctrina, estos principios pueden retorcerse, aplicarse mal y llegar a ser arbitrarios. En una organización de alto rendimiento como Amazon, si tienes un motivo, puedes usar este principio para criticar a otro empleado. Se necesitan sabiduría y buenas intenciones, y el objetivo siempre tiene que ser «¿Cómo mejoramos?». Pero estos altos estándares existen por muchas razones y en conjunto crean una atmósfera en donde la gente sabe que no puede pasar por alto o entregar un trabajo de baja calidad.

Uno de los nombres originales de Amazon fue Relentless. com.[1] Al final, se desechó este nombre porque tenía demasiadas connotaciones negativas, pero esa palabra pervive en la insistencia de Jeff en relación con los más altos estándares. Se necesita cierto tipo de personalidad para tener éxito en una organización como Amazon. Como empleado, tienes que adoptar una visión a largo plazo, igual que Jeff, y en verdad creer que eres parte de algo muy grande, algo que está cambiando el mundo.

---

[1] Bezos, Jeff, «2012 Letter to Shareholders», *Amazon*, 12 de abril de 2012. [*Relentless* en español es "implacable", "inexorable", "despiadado" *(N. de t.)*].

Capítulo 8. Piensa en grande

Pensar en pequeño es una profecía autocumplida. Los líderes crean y comunican una dirección atrevida que inspira resultados. Piensan de forma diferente y buscan a detalle formas de servir a los clientes.

Jeff Bezos está estrechamente vinculado a una organización llamada Long Now, formada en su mayor parte por personas preocupadas por la cada vez más corta capacidad de atención de la sociedad. En una propiedad de Bezos, en el oeste de Texas, están construyendo un reloj que hace tictac una vez al año. La aguja del siglo avanza una vez cada cien años, y el cucú saldrá una vez cada milenio durante los próximos diez mil años.[1]

A Jeff le gustan los símbolos. El reloj de los diez mil años es un símbolo de su deseo de pensar siempre en grande y a largo plazo, como empresa, como cultura y como mundo. Bezos reconoce que «mucha gente cree que hay que vivir en el ahora». Él no es uno de ellos. De hecho, recomienda: «piensa en la gran extensión de tiempo que tienes por delante e intenta asegurarte de que estás planificando para ello de una manera que, al final, te dejará satisfecho».[2]

> A Jeff le gustan los símbolos. El reloj de los diez mil años es un símbolo de su deseo de pensar siempre en grande y a largo plazo. 🔍

---

[1] «The Truth About Jeff Bezos' Amazing 10 000-Year Clock», *Business Insider*, 12 de agosto de 2013.
[2] «Jeff Bezos Interview», *Academy of Achievement*, 4 de mayo de 2001.

Me acuerdo de esta cita cada vez que leo sobre el intento de Jeff de rescatar uno de los motores F-1 del Apolo 11 del fondo del océano Atlántico. Estoy extrapolando aquí, pero imagino que podría considerar que el programa espacial de la NASA —que alguna vez fue la propia definición de pensar en grande— ha perdido su impulso para lograr algo tan monumental como lo fue llegar a la Luna. Para él, sacar este símbolo de la oscuridad es una gran metáfora de una búsqueda renovada de la grandeza, una llamada al pueblo estadounidense para que vuelva a pensar en grande.

O quizá solo le gustan las cosas del espacio. No lo sé.

En cualquier caso, está claro que el énfasis de Jeff de pensar en grande aplica sobre todo para sí mismo. Tú y yo podríamos considerar a Jeff una leyenda de los logros empresariales y uno de los mayores éxitos de la historia moderna. Pero en su mente, todavía tiene un largo camino por recorrer. Ha dicho abiertamente que todavía no ha construido «una empresa duradera» y que «internet, en general, y Amazon, en particular, todavía están en el Día uno». Jeff no solo quiere vender libros de historia, sino reescribirlos también. Y si quieres un asiento en su autobús, prepárate para «ir hacia lo grande o irte a casa».

Un colega me contó una anécdota en una reunión del superequipo en 2002, cuando acordaban la selección de mercancías que Amazon pondría a disposición de los clientes. El director de información y vicepresidente ejecutivo, Rick Dalzell, preguntó a Jeff cuándo «suficiente sería suficiente». Jeff respondió: «Cuando una fábrica en Paraguay pueda comprar un vagón de ferrocarril lleno de bauxita de una mina en China y realizar la transacción a través de Amazon, entonces *quizá* hayamos terminado».

Después de un momento, Dalzell preguntó si alguna vez venderíamos semen de toro. Jeff dijo: «Bueno, ¿por qué no? Hay mucho margen en ello». Luego se dirigió a Jeff Wilke, el vicepresidente de operaciones al consumidor, y le dijo: «*Necesitarás* refrigeración».

Esta anécdota ilustra que tal vez no existe nada «demasiado grande» en el universo de Amazon y por qué el «pensar en grande» se instaura en el comportamiento de todos.

Los líderes crean y comunican una dirección atrevida que inspira resultados. Como he explicado, mi reto era diseñar y gestionar un servicio que permitiera a terceros vender en Amazon, no para diez o cien usuarios, sino para decenas de miles. Con ese tipo de escala en mente desde el primer día, con base en una visión enorme, estás dispuesto a invertir de una manera que no lo harías con una visión modesta de cambio progresivo. Esta es una de las salsas secretas de Amazon: pensar en el enorme potencial de un proyecto desde el primer día y crear un equipo inspirado que lo asuma como propio.

Flujo de efectivo libre: el secreto de pensar en grande

En su carta de abril de 2013 a los accionistas, Bezos abordó uno de los factores más importantes del gran éxito de Amazon: la voluntad de sacrificar las ganancias de este año para invertir en la lealtad de los clientes a largo plazo y en las oportunidades de productos que crearán mayores ganancias el año siguiente y durante los próximos años.[3] El escritor y exanalista de Wall Street Henry Blodget respondió a la carta de Jeff en un artículo del 14 de abril de 2013 en el *Business Insider* donde contrastaba su visión a largo plazo con el enfoque miope en el resultado instantáneo que caracteriza a la mayoría de las empresas. Blodget observó:

> Esta obsesión por las ganancias a corto plazo ha contribuido a producir la situación dañina y desestabilizadora que ahora aflige a la economía estadounidense: los márgenes de ganancia de las empresas estadounidenses son ahora más altos que nunca en la historia, mientras que los salarios de los empleados pagados por las empresas estadounidenses son los más bajos de la historia. Entretanto, el porcentaje de adultos que trabajan en Estados Unidos es menor que en cualquier otro momento desde finales de la década de 1970.[4]

---

[3] Blodget, Henry, «Amazon's Letter To Shareholders Should Inspire Every Company In America», *Business Insider*, 14 de abril de 2013.
[4] *Idem.*

Amazon nunca ha antepuesto las ganancias a corto plazo a la inversión y la creación de valor a largo plazo, una estrategia que muchos creen que tiene el potencial de impulsar toda la economía estadounidense. A veces se pasa por alto el hecho de que mantener un margen bajo y abstenerse de manera deliberada de las ganancias a corto plazo es una estrategia brillante en la tumultuosa era de internet. Los precios bajos no solo fomentan la lealtad de los clientes, sino que también desaniman a la competencia. Si quieres enfrentarte a Amazon, no puedes limitarte a igualar su valor, debes superarlo significativamente. Pero es más fácil decirlo que hacerlo. Jeff ha dejado muy poco espacio para guarecerse bajo el paraguas de los precios bajos de Amazon, dejando a la mayoría de los competidores fuera en la densa lluvia.

«Hemos hecho estudios de elasticidad de precios», dijo una vez Bezos. «Y la respuesta siempre es que deberíamos subir los precios. No lo hacemos porque creemos —y tenemos que tomarlo como un acto de fe— que al mantener nuestros precios muy, muy bajos, nos ganamos la confianza de los clientes con el tiempo, y eso realmente maximiza el flujo de efectivo libre a largo plazo».[5]

El «flujo de efectivo libre» es la clave en ese comentario. Jeff volvió a tratar el tema en una entrevista con la *Harvard Business Review* el 3 de enero de 2013: «Los márgenes porcentuales no son una de las cosas que buscamos optimizar. Lo que queremos maximizar es el absoluto flujo de efectivo libre en dólares por acción. Si pudieras hacerlo reduciendo los márgenes, lo haríamos. El flujo de efectivo libre es dinero que los inversores pueden gastar».[6]

El cambio hacia el FEL como principal medida financiera en Amazon comenzó en serio cuando Warren Jenson se convirtió en director financiero en octubre de 1999. Fue entonces que la organización financiera empezó a dejar de concentrarse en el

[5] Housel, Morgan, «The 20 Smartest Things Jeff Bezos Has Ever Said», *The Motley Fool*, 9 de septiembre de 2013.
[6] HBR IdeaCast, «Jeff Bezos on Leading for the Long-Term at Amazon», *HBR Blog Network*, 3 de enero de 2013.

margen porcentual para hacerlo en el margen de efectivo. A Jeff le encanta soltar su carcajada y decir el axioma: «Los porcentajes no pagan la factura de la luz, ¡el efectivo sí!». Después, sigue con la pregunta: «¿Quieres ser una empresa de doscientos millones de dólares con un margen de 20% o una empresa de 10 000 millones de dólares con un margen de 5%? ¡Yo sé cuál quiero ser!». De nuevo, la carcajada.

> «¿Quieres ser una empresa de doscientos millones de dólares con un margen de 20% o una empresa de 10 000 millones de dólares con un margen de 5%? ¡Yo sé cuál quiero ser!».

Como explicaba en su carta de 2004 a los accionistas, a Jeff le gusta el modelo del FEL porque proporciona una visión precisa del efectivo generado a través de las operaciones de Amazon (en especial las ventas al por menor) que es realmente libre de utilizarse en diferentes acciones.[7] En el modelo de Amazon, los gastos de capital se restan del flujo de efectivo bruto. Esto significa que el efectivo está disponible para aumentar el negocio añadiendo nuevas categorías, creando nuevos negocios, creciendo a través de la tecnología (lo que se hace a menudo y bien en Amazon) o pagando la deuda (en 2004, Amazon tenía 4 000 millones de dólares de deuda, y parte del FEL se utilizó para reducirla). Por supuesto, ese dinero extra también podría devolverse a los accionistas en forma de dividendos (nunca se consideró) o a través de la recompra de acciones (tal vez algún día... no, en realidad, no).

Jeff creía entonces, como lo hace ahora, que sin una innovación constante, una empresa se estanca. Un énfasis erróneo en las finanzas y en los modelos de negocio se opone a las apuestas y a la innovación. «El equipo de finanzas modeló Prime. Fue horrible. Tuvieron que usar el corazón y la intuición. Equivocarse no es tan malo. No tengo tiempo para enumerar todos nuestros fracasos.

---

[7] Bezos, Jeff, «2004 Letter to Shareholders», *Amazon*, 13 de abril de 2004.

Pero un par de grandes ideas pagan todos los experimentos fallidos».[8]

Esta filosofía y la necesidad de practicarla con éxito impulsaron la creación de otras capacidades, como el robusto y extremadamente preciso modelo económico unitario de Amazon. Esta herramienta permite a comerciantes, analistas financieros y modeladores de optimización (conocidos en Amazon como *quant-heads*) entender cómo las diferentes decisiones de compra, los flujos de los procesos, las rutas logísticas y los escenarios de demanda afectarían a la ganancia de contribución de un producto. Lo anterior, a su vez, da a Amazon la capacidad de entender cómo los cambios en estas variables impactarían en el FEL. Muy pocos minoristas tienen esta profunda visión financiera de sus productos, por lo que les resulta difícil tomar decisiones y crear procesos que optimicen la economía. Amazon utiliza este conocimiento para, por ejemplo, determinar el número de almacenes que necesitan y dónde deben colocarse, evaluar y responder con rapidez a las ofertas de los proveedores, medir con precisión la salud del margen de inventario, calcular hasta el último centavo el costo de mantener una unidad de inventario durante un periodo específico, y mucho más.

Aunque los inversores de Amazon a corto plazo pueden quejarse de que la compañía debería «ganar más dinero», Jeff sigue construyendo una de las empresas más dominantes, duraderas y valiosas del mundo. Mientras tanto, otras compañías del auge de internet han caído en la trampa, sobre todo porque pusieron demasiado énfasis en la rentabilidad a corto plazo y no invirtieron lo suficiente en la creación del valor a largo plazo.

Jeff lo explica así: «Adopta una visión a largo plazo, y los intereses de los clientes y accionistas se alinearán». Esta es la filosofía que ha hecho que Amazon tenga tanto éxito.

---

[8] Rubenstein, David, «Amazon CEO Jeff Bezos on The David Rubenstein Show», *Youtube*. Última modificación: 19 de septiembre de 2018, youtube.com/watch?v=f3NBQcAqyu4.

En otras palabras, si eres ineficiente y tienes márgenes «engorda-dos», tendrás una muerte darwiniana.[9]

El origen de las especies... he ahí, un modelo de negocios que piensa en grande.

El marco de minimización del arrepentimiento

Uno de mis conceptos favoritos de Jeff es la idea del *marco de minimización del arrepentimiento*. Era algo a lo que recurría de vez en cuando, en especial cuando pensábamos en grande y nos preparábamos para hacer algo que todo el mundo consideraba una locura, como lanzar la sección de vendedores externos.

Al parecer, cuando Jeff decidió que iba a dejar su trabajo y comenzar una empresa que vendería libros por internet, su jefe en D. E. Shaw le aconsejó que lo pensara durante 48 horas antes de tomar una decisión definitiva. Así que Jeff se sentó y trató de encontrar el marco adecuado para tomar ese tipo de decisión tan importante. Bajo su clásica manera de pensar a largo plazo, Jeff Bezos se refirió a algo que llamó su «marco de minimización del arrepentimiento». Tal como lo explicó en una entrevista de 2001:

> Quería proyectarme hacia la edad de 80 años y decir: «Bueno, ahora veo mi vida en retrospectiva. Quiero haber minimizado el número de arrepentimientos que tengo». Comprendí que para cuando tuviera 80 años, no lamentaría haber intentado esto. No me arrepentiría de haber tratado de participar en eso que llaman internet, el cual pensé que iba a ser un gran negocio. Me di cuenta de que, si fallaba, no me arrepentiría, y sabía que lo único de lo que podría lamentarme sería no haberlo intentado. Tenía claro que eso me atormentaría todos los días, así que, cuando lo miré de esa manera, se convirtió en una decisión muy fácil. Y creo que eso es muy bueno. Si puedes proyectarte a la edad de

---

[9] Bezos, Jeff, «2012 Letter to Shareholders», *Amazon*, 12 de abril de 2012.

80 años, imaginar «¿qué pensaré en ese momento?» te aleja de algunas de las confusiones diarias. Ya sabes, dejé esta firma de Wall Street en la mitad del año Cuando lo haces, pierdes el bono anual. Ese es el tipo de situaciones que a corto plazo pueden confundirte, pero si piensas a largo plazo, entonces puedes tomar realmente buenas decisiones en la vida de las cuales no te arrepentirás después.[10]

Es un consejo que funciona bien cuando lo aplicas a una decisión profesional personal. Pero funciona igual de bien cuando se trata de una decisión sobre el futuro de tu empresa. ¿Qué opción te parecerá mejor cuando la consideres, no dentro de seis meses o un año, sino dentro de décadas? Lo más probable es que esa sea la opción correcta, la que ofrece la promesa de lograr cosas realmente grandes.

---

[10] «Jeff Bezos Interview», *Academy of Achievement*, 4 de mayo de 2001.

Capítulo 9. Ten iniciativa

En los negocios, la velocidad importa. Muchas deci-
siones y acciones son reversibles y no necesitan de un
estudio exhaustivo. Valoramos los riesgos calculados.

La física de la inercia nos muestra que un cuerpo en reposo tiende a mantenerse en reposo. En su libro *The Wall Street Journal*
Esencial Guide to Management, Alan Murray señala que un corolario de ese principio físico es el siguiente: suele ser más fácil
impedir que las cosas sucedan que hacer que sucedan.[1]

En Amazon, existe una tendencia natural a avanzar en todo
momento. El tipo de persona adecuada para Amazon es alguien
astuto y contemplativo, pero que evita la parálisis por el análisis, el
tipo de persona que siempre está avanzando en los objetivos sin
esperar que le pidan hacerlo. Este es uno de los mejores aspectos
de trabajar en Amazon. No existe un *statu quo*, solo un esfuerzo
continuo por avanzar. Leí en alguna parte que el entrenador del
Salón de la Fama de la NFL Bill Parcells colocó un letrero en su
vestuario que decía: «No culpes a nadie. No esperes nada. Haz
algo». Sería un excelente líder en Amazon.

> En Amazon, existe una tendencia natural a
> avanzar en todo momento.

Jeff siempre ha asegurado a sus empleados que nunca serán castigados por errar si toman acciones. Esto ha resultado en grandes

---

[1] Murray, Alan, *The Wall Street Journal Essential Guide to Management*, Harper Business, 10 de agosto de 2010.

victorias (la creación de la compra con un solo clic) y en colosales fracasos (la creación de Amazon Auction). Existe la suposición común de que es importante conocer la acción exacta y correcta antes de hacer algo. No es así como se visualizan las cosas en Amazon. Como dijo Jeff en una ocasión: «Si no quieres que te critiquen nunca, por el amor de Dios, no hagas nada nuevo».[2] (Por supuesto, esta predisposición a la acción y la voluntad de equivocarse no significa que también puedas errar todo el tiempo. A diferencia de Thomas Edison, los líderes de Amazon no tienen dos mil intentos para desarrollar el filamento idóneo para la bombilla).

A veces la mera amenaza de una gran idea es suficiente

En una entrevista televisiva del 1 de diciembre de 2013, Jeff emocionó a los medios de comunicación al exponer su plan de utilizar, en algún momento, drones para facilitar la entrega de paquetes en el mismo día. Aunque admitió que este servicio aún estaba en un futuro lejano y que se enfrentaba a obstáculos como las regulaciones de la Administración Federal de Aviación de Estados Unidos (FAA) y las limitaciones en el tamaño de los paquetes, la historia de los drones fue una gran estrategia de relaciones públicas que se programó perfectamente un día antes del Cyber Monday, cuando los periodistas del mundo entero ponen toda su atención en la industria minorista. Y funcionó. Las ventas se dispararon a la mañana siguiente tras la emisión de la entrevista, en parte porque la sonrisa socarrona de Jeff y la marca Amazon parecían estar en todas las páginas y blogs de los medios de comunicación.

El mensaje básico que recibí de la entrevista fue simple: es evidente que el enfoque de Jeff de pensar a largo plazo y en grande se mantienen sin cambio alguno. Si no inventas para tus clientes y mejoras su experiencia cada día —sin importar si eso

---

[2] Housel, Morgan, «The 20 Smartest Things Jeff Bezos Has Ever Said», *The Motley Fool*, 9 de septiembre de 2013.

puede perjudicar los resultados financieros a corto plazo—, alguien más lo hará.

> **Si no inventas para tus clientes y mejoras su experiencia cada día, alguien más lo hará.** Q

Incluso si los drones nunca entregan un solo paquete para Amazon, son un símbolo muy eficaz del compromiso de la empresa de seguir inventando y simplificando la logística. Por muy radical y controvertida que pueda parecer hoy la entrega con drones, la idea está perfectamente alineada con esta estrategia. Y, para ser franco, no me sorprendería que Jeff encontrara la forma de hacerlos funcionar.

No dejes que lo simple se vuelva difícil

La predisposición a la acción tiene su lado negativo. Muchos empleados y exempleados de Amazon se quejaban de que en ocasiones no disponían de los recursos que necesitaban para desarrollar sus proyectos correctamente. Esto era común en los primeros días. Existe una presión continua por hacer las tareas lo más rápido posible, lo que a veces lleva a las personas a poner «curitas» a los problemas en lugar de abordar las cuestiones de fondo. Algunos dicen que a Amazon le vendría bien ir más despacio y avanzar a un ritmo más pausado.

En respuesta, Jeff probablemente diría: «Si duplicas el número de experimentos que haces al año, vas a duplicar tu capacidad de invención». Puedes estar o no de acuerdo con esta filosofía, pero es difícil discutirla cuando Jeff la propone porque ha demostrado que funciona.

No obstante, es cierto que una predisposición a la acción tiende a fomentar la toma de decisiones basada en el instinto. Hay una razón por la que se insiste en señalar la predisposición a la acción como un rasgo característico de las empresas emergentes

131

de éxito. El capital de tiempo y dinero con el que cuentan las empresas de nueva creación simplemente no permite un análisis elaborado del mercado. Y es claro que, a menudo, Jeff ha seguido su instinto a lo largo de los años y respeta a los líderes que están dispuestos a hacer lo mismo.

Sin embargo, esto puede hacer que un líder se tope de frente con una paradoja. Amazon tiene lo que yo llamaría «una cultura de dos golpes». Se espera que los líderes acierten, casi siempre. Se les anima a asumir riesgos, pero deben ser riesgos calculados. Y un líder no puede equivocarse en todo muy a menudo sin que le muestren la puerta de salida.

Entonces, ¿cómo se puede equilibrar con éxito la predisposición a la acción con la capacidad de acertar la mayoría de las veces? Con el desarrollo y supervisión de métricas. Como Jeff nos sermoneó a Neil Roseman y a mí en una ocasión: «No dejes que lo sencillo se vuelva difícil». Innovar productos, aumentar las ventas, reclutar grandes talentos, son tareas difíciles de hacer. Las labores administrativas y de procedimiento, como las cobranzas, deberían ser sencillas. Por tanto, una pregunta como «¿estamos al día en las cobranzas?» debería ser fácil de responder. Pero en muchas empresas, la información para responder este tipo de preguntas no está disponible.

Ahí es donde entran las métricas. Crear un entorno operativo que automatice los procesos y los haga claros y transparentes te permite invertir más tiempo y energía en las cuestiones más complejas que requieren más trabajo y creatividad.

> Crear un entorno operativo que automatice los procesos y los haga claros y transparentes te permite invertir más tiempo y energía en las cuestiones más complejas que requieren más trabajo y creatividad.

132

Una de las claves para crear y mantener con éxito la predisposición a la acción es contar con los datos correctos en el momento oportuno. Por supuesto, debes confiar en que los datos son fiables y precisos, por ello Jeff valora mucho la contratación de los mejores ingenieros a nivel mundial.

La seriedad del compromiso que Jeff tiene con la predisposición a la acción se demuestra en su idea de recompensarla y honrarla. Por ejemplo, el sistema de iconografía de Amazon premia y atrae a los empleados que desarrollan nuevas habilidades o atributos. Estas «insignias de mérito» son íconos muy visibles en su herramienta de trabajo, el directorio telefónico interno de la intranet de Amazon. Te sorprendería lo eficaz que resulta para motivar a la gente a asumir nuevos retos.

También está el premio *Just Do It* (*Solo hazlo*), que se entrega en la reunión trimestral de todos los empleados que ejemplifican los valores de la predisposición a la acción, el principio de propiedad, la austeridad y la autogestión. El premio puede ser solo un viejo tenis que ha sido puesto en una base y cubierto en bronce, pero también es un ícono altamente codiciado y visible que los ganadores exhiben con orgullo en sus oficinas.

Los líderes saben que casi nunca se tiene el 100% de certeza sobre las perspectivas de cualquier nueva empresa. No importa lo mucho que se investigue y analice, el futuro nunca se puede garantizar. Por eso Amazon premia a los líderes que «solo lo hacen», quienes responden a la incertidumbre asumiendo el riesgo (inteligente) y aprendiendo de los resultados.

Capítulo 10. Austeridad

Cumple más con menos. Las restricciones generan ingenio, autosuficiencia e invención. No hay puntos extras por el aumento de la plantilla, el tamaño del presupuesto o el gasto fijo.

Amazon siempre ha tenido una actitud deliberada al mantener una cultura consciente de los costos (y más que consciente, incluso barata). Jeff cree con firmeza que la austeridad impulsa la innovación. Es una de sus funciones forzadas favoritas. Tal como lo dice: «Una de las pocas maneras de salir de una caja cerrada es inventar la salida».[1] Cada dólar ahorrado es una nueva oportunidad para invertir en el negocio. La eliminación del costo de la estructura del negocio favorece los precios bajos, lo que impulsa el giro del círculo virtuoso.

> **Cada dólar ahorrado es una nueva oportunidad para invertir en el negocio.**

Cuando estaba en Amazon, nadie volaba en primera clase. Todo el mundo se alojaba en hoteles económicos. La empresa no pagaba la factura del teléfono celular de nadie. Y lo más importante, esta cultura de bajo costo se ejecutaba sistemáticamente de arriba hacia abajo. Jeff condujo el mismo Honda durante años después de fundar Amazon. Quizá lo más extraordinario es su salario de

---

[1] «Bezos on Innovation», *BloombergBusinessweek*, 18 de abril de 2008.

81 840 dólares, lo que supone solo 14 000 dólares más de lo que gana el becario promedio de Facebook.[2]

Al igual que en 1997, Jeff cree en esencia que Amazon está todavía en el Día uno, por esa razón la dirige con la disciplina de los costos siempre en mente, como se aplica a una nueva empresa. Más que nada, teme y detesta la autocomplacencia, sobre todo porque la compañía sigue operando con unos márgenes de ganancia muy reducidos y depende de un volumen elevado y creciente para pagar las facturas. Mantener los costos bajos es una forma de evitar la autocomplacencia. También disuade a los empleados de medir su importancia por la cantidad de dinero que gastan. No se recompensa con puntos extra por el número de empleados o el tamaño del presupuesto. Que los directivos construyan un imperio es prácticamente imposible, en parte porque no hay dinero para ello.

La leyenda de la puerta-escritorio

Desde el principio, Jeff mantuvo firme que Amazon no iba a crear oficinas con grandes y elaborados escritorios. Pensó que lo único que se necesitaba era un lugar para trabajar, y eso incluía también a los altos ejecutivos. En los primeros días de la historia de la empresa, a alguien se le ocurrió la idea de clavarle patas a las puertas para crear más escritorios. Con el tiempo, la «puerta-escritorio» se convirtió en el símbolo de Jeff para la cultura igualitaria y de bajo costo que estaba tratando de crear. De hecho, la empresa sigue entregando el premio de la Puerta-Escritorio, un título que se otorga a los empleados que tienen una «idea bien construida» que genera un ahorro significativo para la empresa y permite bajar los precios para los clientes.

Irónicamente, la puerta-escritorio, uno de los símbolos más eficaces de Jeff para la austeridad de la empresa, se convirtió más tarde en un símbolo de la burocracia sin sentido que casi le

---

[2] «Jeff Bezos's Salary Is Only $14,000 More Than The Average Facebook Intern's», *Business Insider*, 15 de abril de 2013.

provoca un ataque de nervios. Lo descubrí en una reunión con todos los empleados en la que Jeff despotricaba contra la burocracia. ¿Qué lo había hecho estallar? Al parecer, alguien había enviado puertas-escritorios a nuestra oficina de Londres. «¡Sabes que te estás convirtiendo en burocracia cuando decides gastar dinero para enviar [improperios] símbolos a Europa!», gritó. Con certeza alguien perdió su trabajo por eso.

Lo anterior no ha detenido a Jeff en su búsqueda de oportunidades de crear nuevos símbolos de austeridad. Por ejemplo, en la reunión anual de accionistas de la empresa en 2009, Bezos reveló que se habían retirado todas las luminarias de las máquinas expendedoras de la cafetería. «Todas las máquinas expendedoras tienen luces para hacer más atractiva la publicidad», explicó Jeff. «Así que fueron a todos nuestros centros de distribución y quitaron todas las luces».[3] Amazon calculó que la medida ahorraba decenas de miles de dólares al año en electricidad. No es una suma enorme en sí misma, pero el gesto dice mucho sobre la forma de pensar de esta empresa multimillonaria.

Se acabó el Advil gratuito

Como cualquier objetivo o política, una buena idea puede ir muy lejos. La austeridad puede tener una desventaja cuando envía un mensaje de despreocupación a los empleados o clientes. Basta con visitar Glassdoor.com, el sitio web donde los empleados dejan comentarios sobre las empresas en las que trabajan, y leer cómo muchos extrabajadores de Amazon citan la tacañería de la empresa como la principal razón que los hizo abandonar el barco. Muchas personas han advertido que la política de Amazon de contratar a empleados temporales podría dar lugar a un trabajo de baja calidad y a una productividad inconsistente, además de malgastar recursos en capacitación extra.

---

[3] Stone, Brad, *The Everything Store: Jeff Bezos and the Age of Amazon*, Little, Brown and Company, 15 de octubre de 2013.

También se ha criticado a Amazon por subcontratar su servicio de atención al cliente vía chat en la India. En un caso concreto, un cliente estadounidense llegó a publicar la transcripción de su discusión, tremendamente disfuncional, con una representante del servicio de atención al cliente vía chat de Amazon llamada «Farah», una mujer que apenas tenía una leve relación con el idioma inglés Si bien este problema no es poco común en el servicio al cliente entre muchas empresas de Estados Unidos, los críticos señalaron la desafortunada interacción como una señal de que Amazon estaba creciendo demasiado como para apegarse a sus propios principios.[4]

En mi opinión, el hecho de que esta historia se incluyera en las páginas del *Business Insider* sugiere que Amazon sigue siendo el baluarte de oro en lo que respecta a los altos estándares de servicio al cliente. Pero también sugiere un reto que con certeza Jeff Bezos tiene en mente.

En *The Everything Store*, Brad Stone escribe sobre cómo los empleados se ven afectados por la insistencia en la austeridad:

> El estacionamiento en las oficinas de la empresa en South Lake Union cuesta 220 dólares al mes, y Amazon reembolsa a los empleados 180. Las mesas de las salas de conferencias son una colección de puertas-escritorios de madera clara dispuestas una al lado de la otra. Las máquinas expendedoras aceptan tarjetas de crédito y la comida en las cafeterías de la empresa no está subvencionada. Los nuevos empleados reciben una mochila con un adaptador de corriente, una base para la laptop y material de orientación. Cuando renuncian, se les pide que entreguen todo ese equipo, incluida la mochila.[5]

Stone informa también que, a finales de la década de 1990, un ejecutivo recién instalado «recortó un extraño beneficio de la oficina, el Advil gratuito, que consideraba un gasto innecesario». La

---

[4] Edwards, Jim, «This Man Had Such A Bad Experience With Amazon Customer Support He Posted The Entire Conversation Online», *Business Insider*, 3 de diciembre de 2013.

[5] *Idem.*

medida provocó «casi una insurrección entre los empleados», pero se sostuvo.

Dicho todo esto, es importante señalar que Amazon tiene un seguro médico y planes dentales típicos del sector, así como sus subvenciones anuales de acciones para los empleados y su programa 401k[6] correspondiente. La empresa paga lo suficiente como para atraer talento de calidad, pero no lo suficiente como para engordar y hacer feliz a la gente, o para crear un ambiente de *country club* que Jeff intenta evitar. Se trata de buscar un delicado equilibrio tanto para los clientes como para los empleados.

En 2020, Amazon ya no era la rudimentaria empresa emergente que luchaba por sobrevivir. Mientras me mantengo al día hablando con muchos empleados de los grupos corporativos, cuando visito el edificio Esferas de Amazon en Seattle, me pregunto: «¿sigue siendo la austeridad un principio de liderazgo en Amazon? ¿Qué papel desempeña?» A continuación, muestro lo que he aprendido sobre cómo la austeridad influye en Amazon hoy en día a partir de la entrevista que hice a los empleados para este libro.

La explicación del principio de austeridad ha cambiado recientemente. La argumentación previa, a largo plazo, era: «un líder en Amazon trata de no gastar dinero en cosas que no les importan a los clientes. La austeridad fomenta el ingenio, la autosuficiencia y la invención. No se conceden puntos extra por el número de empleados o el tamaño del presupuesto».

La insistencia en la austeridad es ahora menor en la gestión de los gastos cotidianos y mayor en el diseño y la construcción de funciones y servicios que se expandan de manera eficiente. Diseñar según el costo o eficiencia es un tipo de restricción, al igual que diseñar según una especificación de calidad o un requisito de velocidad. Amazon pondera la austeridad como elemento clave para abordar los problemas y las operaciones teniendo en cuenta el costo, porque los centavos por pedido se convierten

---

[6] Tipo de plan de ahorro para la jubilación *(N. de t.)*.

rápidamente en miles de millones de dólares cuando tienes una escala como la de Amazon.

Pero la austeridad no se refiere solo al presupuesto o a los recursos monetarios, sino también a la conservación de otros recursos, el tiempo en especial. Mucho ha cambiado en Amazon desde que me fui. La empresa no es tan modesta en cuanto a los gastos de los empleados, los viajes y los beneficios. Un líder con varios años en Amazon me dijo que la austeridad se evalúa a menudo por la manera en que un líder utiliza el único activo no renovable: el tiempo. Los líderes de Amazon tratan de aplicar más de su tiempo en «trabajar en el futuro». En una entrevista de 2018, Bezos declaró: «Todos nuestros altos ejecutivos operan de la misma manera que yo. Trabajan en el futuro. Viven en el futuro».[7]

La austeridad es también una estrategia para ayudar a evitar la burocracia, la gestión y las actividades sin valor añadido. Ser austero es una mentalidad que permite conseguir más metas con mayor rapidez y menos recursos. Mantener los proyectos ligeros, hacer que todos aporten valor y contribuyan de forma flexible y multidisciplinaria ayuda a concluir más proyectos en Amazon que en cualquier organización típica. «Si observamos el paso continuo de la innovación en AWS este año, lanzaremos un poco más de 1800 servicios y características significativas en 2018, frente a los 1400 de hace un año y mil del año anterior. El ritmo de la innovación se vuelve más y más rápido», afirma Jassy. Este ritmo mejora cuando se aligera la carga del personal, se capacita a los empleados para tomar decisiones, se fomenta la integración de pequeños equipos independientes dentro de la organización y se impulsa una mentalidad austera de «solo hazlo».[8]

---

[7] «The David Rubenstein Show: Jeff Bezos», *Bloomberg*. Última modificación: 19 de septiembre de 2018, bloomberg.com/news/videos/2018-09-19/the-david-rubenstein-show-jeff-bezos-video.

[8] Furrier, John, «How Andy Jassy CEO of AWS Thinks About The Future of Cloud Computing», *Forbes*. Última modificación: 27 de noviembre de 2018, forbes.com/sites/siliconangle/2018/11/27/how-andy-jassy-ceo-of-aws-thinks-the-future-of-cloud-computing/#a2f3d127730a.

> La austeridad es también una estrategia para ayudar a evitar la burocracia, la gestión y las actividades sin valor añadido. Ser austero es una mentalidad que permite conseguir más metas con mayor rapidez y menos recursos.

El espíritu de austeridad y la obsesión por el cliente están detrás de los enormes esfuerzos del mejoramiento operativo de Amazon. Cada mejora del algoritmo, la reducción de los errores y la eliminación de movimiento en el almacén suma a un negocio. La austeridad obliga a que surja la innovación en tus operaciones y ayuda a una organización a mantenerse humilde. Añade una dosis de austeridad a tu empresa junto con otros ingredientes para cambiar el tono y el tempo.

141

Capítulo 11. Gana su confianza

Los líderes escuchan con atención, hablan con franqueza y tratan a los demás con respeto. Son expresivamente autocríticos, incluso cuando hacerlo es incómodo o vergonzoso. Los líderes no creen que ni ellos ni su equipo de trabajo huelan a perfume. Se comparan a sí mismos y a sus equipos con los mejores.

Ya he hablado de lo importante que es la confianza del cliente en la empresa. Amazon se dedica con determinación a ganársela todos los días. Pero igual de importante es la confianza dentro de la empresa, lo que significa que los líderes de Amazon deben aprender a confiar en sus colegas y a ganárselos mediante la transparencia, el compromiso y el respeto mutuo. Para muchas personas, aprender a hacerlo no es fácil.

Cuando llegué a Amazon, me sentí expuesto y vulnerable. Me preocupaba que pudieran despedirme en cualquier momento porque los estándares y todo lo que estaba en juego eran muy altos. En consecuencia, insistí en ocuparme personalmente de gran parte del trabajo de mi equipo, sintiéndome tan ansioso y desconfiado como para delegar lo necesario en mis colegas.

Por supuesto, pronto aprendí que sobrecargarme era una receta para el desastre: simplemente no tenía el tiempo, la energía ni la habilidad para hacerlo todo bien. Tampoco estaba ayudando a mi equipo a desarrollarse lo suficiente; estaba perjudicando a la organización al no formar a los líderes del futuro, lo cual es un pecado capital en Amazon. Tuve que aprender a confiar.

Las empresas prósperas están repletas de personas increíblemente brillantes, quienes tienen la autoridad para conseguir las cosas, pero también la confianza de que, si fracasan, alguien estará ahí para levantarlos, sacudirles el polvo y darles otra oportunidad. Amazon es una empresa así. Una de las razones por las cuales disfruté mucho mi tiempo ahí fue la capacidad de trabajar en colaboración sin preocuparme por los títulos, los organigramas o las funciones oficiales. Todas esas cosas se quedaban en la puerta para que pudiéramos dedicar nuestras energías a atacar los problemas, algo muy diferente de lo que ocurre en la mayoría de las organizaciones, donde los equipos y las personas pierden el tiempo jugando a la gallina,[1] señalando y tratando de obtener ventajas los unos de los otros.

> Las empresas prósperas están repletas de personas increíblemente brillantes, quienes tienen la autoridad para conseguir las cosas, pero también la confianza de que, si fracasan, alguien estará ahí para levantarlos, sacudirles el polvo y darles otra oportunidad.

Seis claves para ganarse la confianza

La verdadera colaboración solo es posible en un ambiente de confianza. Y esa atmósfera la instaura siempre un líder que se ha ganado la confianza de los miembros de su equipo y que confía a su vez en ellos.

Por desgracia, casi todo el mundo ha tenido alguna vez un jefe en el que simplemente no se puede confiar. Quizás estuviera dotado con una inteligencia del nivel de Mensa[2] y con el carisma

---

[1] En el juego de la gallina *(game of chicken)*, dos automovilistas conducen uno contra el otro, de manera que el primero que se desvíe para evitar la colisión queda como un «gallina» *(N. de e.)*.
[2] Mensa es una asociación internacional de superdotados, mensa.org/mensa/about-us *(N. de t.)*.

de George Clooney, pero siempre podía esperarse que empezaran las culpas, los retrocesos y las puñaladas por la espalda. Jeff entiende que la falta de confianza perpetúa el miedo. Si no consigues ganarte la confianza de los miembros de tu equipo, el miedo acaba convirtiéndose en su principal motor. Temerán tus opiniones, decisiones y evaluaciones. Temerán el fracaso. Te temerán a ti. Una vez que el miedo se vuelve dominante, la organización apenas puede funcionar, y mucho menos ser autocrítica.

Por fortuna, existen formas probadas de ganarse la confianza de los demás. Aquí incluyo seis que he adaptado del blog del gurú del liderazgo intencional Michael Hyatt:

- *Abre tu kimono.* Aprende a asumir la responsabilidad y a admitir las fallas, no de forma imprudente o de manera que puedan aprovecharse de ti, sino más bien de un modo que demuestre honestidad y tu propósito de mejora. Ten la disposición de admitir tus propios fracasos. Si te rodeas de un muro, tu equipo también lo hará.
- *Acepta el golpe.* Cuando ocurran cosas malas, resiste la tentación de señalar al culpable. Como líder de un equipo, tienes que aceptar la responsabilidad tanto de lo bueno como de lo malo. Cuando los miembros de tu equipo vean que estás dispuesto a asumir la culpa, incluso de los errores que no son directamente tuyos, empezarán a dejar de lado el miedo y comenzarán a confiar en ti.
- *Fortalece a los miembros de tu equipo.* Esto es lo contrario de aceptar el golpe. Siempre que sea apropiado, asegúrate de elogiar a los miembros de tu equipo delante de sus iguales y superiores. Nunca intentes atribuirte en exclusiva el mérito de algo bueno que haya hecho tu equipo.
- *Deshazte de la correa.* Permite que los miembros de tu equipo tengan libertad para explorar nuevas ideas y ser creativos. Si sienten que los microgestionas, dejarán de

145

confiar en ti. Deja espacio para el fracaso y para lo más importante: la oportunidad de aprender del fracaso.

- *Acepta la confrontación.* Pelear no es bueno, pero un falso acuerdo tampoco lo es. Cuando exista una diferencia de opinión, promueve un debate abierto. Explora soluciones con la intención de resolver los problemas. Si nunca hay desacuerdos, es una advertencia del miedo que tu equipo tiene de decir la verdad.
- *Encuentra el valor de cada persona.* Todos tenemos debilidades, pero también, fortalezas. Todos aportamos algo diferente. Encuentra lo que es único en cada individuo y utiliza esa fuerza única para el bien del equipo.[3]

La confianza y el equipo de dos pizzas

En su carta de 2011 a los accionistas, titulada «El poder de la invención», Jeff Bezos escribió: «La invención se presenta de muchas formas y a muchas escalas. Los inventos más radicales y transformadores suelen ser los que empoderan a los demás para dar rienda suelta a su creatividad y perseguir sus sueños».[4]

Jeff se refería en específico a la capacidad de la plataforma empresarial como herramienta de empoderamiento de las personas, pero creo que la misma descripción aplica a la confianza en el lugar de trabajo. La confianza es la plataforma para empoderar realmente a tu equipo.

Mucho se ha escrito sobre los famosos equipos de dos pizzas de Amazon, grupos de trabajo cuyo tamaño se limita a seis o diez individuos, el número de personas que pueden alimentarse con un pedido de dos pizzas. Sin embargo, la mayoría no lo entiende. Lo que realmente importa no es el tamaño del equipo, sino la autonomía y la responsabilidad. El equipo de dos pizzas consiste en la confianza en una pequeña facción dentro de una organización para operar independientemente y con agilidad.

---

[3] «How to Build (or Rebuild) Trust», 16 de abril de 2012, michaelhyatt.com.
[4] Bezos, Jeff, «2011 Letter to Shareholders», *Amazon,* 13 de abril de 2012.

En Amazon, los equipos de dos pizzas trabajan como pequeños invernaderos empresariales. Aislados de la gran burocracia de la organización, estos equipos alientan a los líderes jóvenes con ambición, brindan oportunidades e infunden el sentido de propiedad.

¿Cada organización en el mundo debería empezar a autorizar la creación de equipos de dos pizzas para abordar sus problemas y desafíos creativos? No, porque no todas las organizaciones tienen la cultura de confianza necesaria para hacer que los equipos autónomos funcionen eficazmente. Si trabajas en una empresa en la que domina el miedo, intenta cambiar esa atmósfera. Una vez que la confianza comienza a florecer, la creatividad y la innovación también pueden prosperar.

> Si trabajas en una empresa en la que domina el miedo, intenta cambiar esa atmósfera. ⊕

147

Capítulo 12. Profundiza

Los líderes funcionan en todos los niveles, son atentos a los detalles, realizan inspecciones con frecuencia y son escépticos cuando las métricas y las anécdotas difieren. No existe tarea que esté por debajo de ellos.

En Amazon, *ser* propietario significa *responsabilidad*. El líder es responsable de todo el ciclo de vida de un proyecto o transacción y de todos sus posibles resultados. Si eres líder, debes estar dispuesto a ir más allá de las funciones de tu puesto para mejorar la experiencia del cliente.

El corolario es que los líderes comprenden los detalles y las métricas con dos o tres grados más de profundidad que los altos ejecutivos en la mayoría de las empresas. Son muy conscientes de sus dependencias y, por tanto, pueden discutir los detalles de cualquier proyecto bajo su jurisdicción.

Uno de los motores de la filosofía de «inmersión» es el sentido puro e implacable de la curiosidad que Jeff Bezos ejemplifica y que fomenta entre todos los que trabajan para él.

Se ha informado ampliamente que Jeff pasa tiempo trabajando en los centros de distribución de Amazon. No solo se trata de una excelente estrategia de relaciones públicas; de hecho, no suele invitar a los medios de comunicación a acompañarlo en estos viajes. A Jeff le gusta trabajar junto a los empleados que cobran por hora porque siente curiosidad por su opinión y quiere comprobar por sí mismo la eficacia del proceso de distribución de los pedidos.

La mente de Jeff, sin tregua e inquisitiva, es una de sus características más destacadas y distintivas, y él exige lo mismo de sus empleados. Por ello, fomenta la experimentación, pero los resultados deben medirse rigurosamente. Esta combinación de pensamiento libre y análisis disciplinado es muy productiva y hace de la inmersión una realidad cotidiana en Amazon.

> Esta combinación de pensamiento libre y análisis disciplinado es muy productiva y hace de la inmersión una realidad cotidiana en Amazon.

La filosofía de la inmersión está también impulsada por la conciencia de Jeff de que una empresa es muy parecida a un ecosistema. Es compleja, evoluciona a cada momento y prospera en la diversidad. Esto significa que siempre surgen numerosas posibilidades de fracaso.

Por esta razón, cuando se desarrolla cualquier iniciativa importante en Amazon, Jeff se mantiene lo más cerca posible del equipo encargado del proyecto y de sus datos, no solo monitoreando, sino también cuestionando, señalando errores y examinando cada faceta hasta el más mínimo detalle. Se espera que cada líder de la empresa se comporte de la misma manera. Se espera que cada directivo mantenga una fuerte presencia a lo largo de la implementación de un proyecto, realizando continuas inmersiones en los datos, los procesos y el rendimiento de cada miembro del equipo. Es una práctica que permite a todos los líderes de Amazon superar las barreras tradicionales de la organización, otra forma de romper la burocracia que permea los obstáculos que podrían retrasar o distorsionar el progreso o el aprendizaje en nuevas facetas del desempeño. Los líderes que se sumergen en lo profundo de un desafío —líderes *curiosos*— desmantelan los elementos aislados y la burocracia.

Por supuesto, para profundizar, necesitas métricas y sistemas diseñados para recogerlas y analizarlas con precisión, coherencia y rapidez. Los líderes deben estar dispuestos a profundizar, pero la sobresaliente cultura de métricas de Amazon proporciona los datos que recompensan el esfuerzo. Como dijo una vez Jeff Wilke, vicepresidente de operaciones al consumidor: «Las decisiones matemáticas siempre triunfan sobre la opinión y el juicio. La mayoría de las empresas toman decisiones basadas en el juicio cuando podrían hacerlo a partir de los datos».[1]

El deseo de profundizar es también la razón por la que Jeff prohíbe el PowerPoint (véase capítulo 4, «no te equivoques (casi) nunca») y exige un relato claro para la toma de decisiones. La elaboración de una presentación de diapositivas hace demasiado fácil que los empleados solo rocen la superficie de sus ideas mientras se crea la ilusión de un argumento inteligente. En cambio, saber que deben presentar públicamente un ensayo a profundidad ante sus compañeros y su jefe los obliga a escudriñar un poco más. Esto ayuda a crear una atmósfera de responsabilidad porque tienes que saber lo que haces cuando lo presentas a los demás.

Los cinco porqués

Al trabajar bajo la presión de los plazos, a menudo parece que no tenemos suficiente tiempo para profundizar y comprender realmente un problema, una tecnología o una situación. Existe un equilibrio entre la exploración y la explotación del conocimiento; se necesita experiencia para saber cuándo es esencial profundizar y cuándo es mejor dejar las cosas en un nivel abstracto o global. «Los cinco porqués» es una técnica iterativa de formulación de preguntas que utilizamos en Amazon para explorar las relaciones de causa y efecto subyacentes a un problema en concreto. Se denomina así porque la experiencia sugiere que cinco es el número de iteraciones que suelen requerirse para identificar y solucionar las verdaderas causas de un problema. Así es como funciona:

- Describe el problema por escrito. Esto ayuda a formalizarlo y a garantizar que todo el equipo entienda y se centre en el mismo problema.
- Pregunta por qué ocurre el problema y escribe la respuesta debajo de la descripción.

---

[1] Vogelstein, Fred, «Mighty Amazon», *Fortune*, 26 de mayo de 2003.

- Si la respuesta que acabas de proporcionar no identifica la *causa principal* del problema, vuelve a preguntar «¿por qué?» y escribe esa respuesta.
- Repite el segundo y tercer paso hasta que el equipo llegue al consenso de haber identificado la raíz del problema. Esto puede llevarte menos de cinco porqués o más, dependiendo de la complejidad del problema.

He aquí un ejemplo de cómo pueden funcionar en la práctica los cinco porqués. Supongamos que has sufrido una interrupción tecnológica. La descripción del problema sería: «Los clientes no pudieron acceder a nuestro servicio durante 45 minutos el sábado por la noche». Al preguntar por qué, la primera respuesta podría ser: «Hubo una demanda sin precedentes de otros servicios».

Sin embargo, tú y tu equipo quizás estén de acuerdo en que esto no identifica la causa de la interrupción del servicio. Por lo tanto, preguntas por segunda vez: «¿por qué?», lo cual arroja la respuesta: «Nuestro servicio dependía de otro más que no podía manejar la demanda».

Esto, a su vez, te obliga a preguntar un tercer porqué, cuya respuesta es: «El servicio del que dependíamos no cumplía con su SLA (acuerdo de nivel de servicio)».

Lo anterior lleva a un cuarto porqué, cuya respuesta es: «El otro servicio no tenía la capacidad de funcionamiento adecuada para cumplir su SLA». Hasta aquí, el ejercicio nos lleva simplemente a responsabilizar a otro. Pero, ¿cuál es nuestra *responsabilidad*?

Lo que nos lleva a un quinto porqué, que genera la respuesta: «Porque no he diseñado mi servicio para manejarse en estas condiciones y excepciones».

¡Ah! ¡Ahí lo tenemos! Por fin, después de empezar con una vaga idea de la causa del problema que se reducía a señalar y decir: «Fue su culpa», la verdadera respuesta surge al final: «Necesito diseñar mi servicio tecnológico para manejar con eficiencia cualquier condición que se requiera atender. Ahora, ¿cómo lo construimos?».

Al profundizar en las condiciones reales y gestionar las dependencias de los demás, encontrarás las verdaderas respuestas a los problemas.

Al profundizar en las condiciones reales y gestionar las dependencias de los demás, encontrarás las verdaderas respuestas a los problemas. 🔍

Afinando los detalles

El proceso de planificación anual de Amazon comienza en agosto y cierra en octubre. Se trata de una inmersión profunda en toda la organización que está diseñada para crear ajustes en torno a la asignación de los recursos (incluidos el personal y el capital) en el siguiente año. Los equipos elaboran relatos de seis a ocho páginas en los que describen sus actividades comerciales, las oportunidades de crecimiento que prevén, sus planes para aprovechar esas oportunidades y los recursos necesarios.

Estos relatos van subiendo por la cadena de liderazgo hasta culminar en dos páginas que se leen con el superequipo. En cada etapa de la jornada, los relatos se examinan en las reuniones de estrategia, que comienzan con un periodo de 15 a treinta minutos de silencio, mientras todos leen el plan que se está revisando. A continuación, comienza el debate, que puede ser amplio o centrarse en una o dos características o funciones. Con el relato por escrito y toda la colaboración previa a la reunión requerida para llegar a este punto, los debates y, en última instancia, las decisiones, son más profundos y refinados que los que emergen de muchos procesos de planificación corporativa.

La tendencia de la empresa a evitar las presentaciones de PowerPoint en favor de las escritas a manera de relato (de seis páginas, o a veces de solo dos) es un gran ejemplo de una función forzada para crear una organización que se sumerge en los detalles. Como señaló Bezos en una entrevista de 2012 con

153

Charlie Rose: «Cuando tienes que escribir tus ideas en enunciados y párrafos completos, te obligas a pensar con mayor claridad».[2] Las narraciones obligan a ser claros, a priorizar y a rendir cuentas, y exigen a tu audiencia a comprender en un nivel más profundo.

Por el contrario, es bien conocido el estancamiento de las organizaciones y de la toma de decisiones por la excesiva dependencia del PowerPoint. Un oficial de marina retirado expresó su opinión en un ensayo titulado «Tontas, tontas viñetas». Decía: «PowerPoint no es una herramienta neutra: es activamente hostil a la toma de decisiones reflexiva. Ha cambiado fundamentalmente nuestra cultura, alterando las expectativas de quién toma las decisiones, qué decisiones toman y cómo las toman».[3]

La combinación de exigir claridad mediante los relatos y el proceso refinado de la planificación es la forma en que Amazon reúne ideas y aportaciones de toda la organización, permite que la innovación brote y concentra todo para hacer las grandes apuestas sobre su futuro. La moraleja es clara. En Amazon, no se toma ninguna decisión importante sin asegurarse primero que se hace con base en una inmersión profunda en los detalles subyacentes que determinarán su éxito.

«En Dios confiamos, los demás deben aportar datos»

Este conocido lema de gestión no es un principio de liderazgo de Amazon, pero podría serlo. La capacidad de combinar datos, hechos y un enfoque centrado en el cliente, junto con una asombrosa habilidad para profundizar en los detalles, son las herramientas fundamentales del liderazgo en Amazon.

---

[2] Rose, Charlie, «Amazon's Jeff Bezos Looks to the Future», *60 Minutes*, 1 de diciembre de 2013, charlierose.com/view/interview/12656.

[3] Hammes, Thomas X. «Essay: Dumb-dumb bullets», *Armed Forces Journal*. Última modificación: 1 de julio de 2009, armedforcesjournal.com/essay-dumb-dumb-bullets/.

Capítulo 13. Determinación, disentimiento y compromiso

Los líderes están obligados a desafiar respetuosamente las decisiones cuando no están de acuerdo, incluso cuando al hacerlo sea incómodo o agotador. Los líderes tienen convicción y son tenaces. No hacen concesiones en aras de la cohesión social. Una vez tomada una decisión, se comprometen del todo.

A Jeff Bezos le gusta describir la cultura de Amazon como amistosa e intensa, pero añade: «En última instancia, nos conformamos con intensa».[1] Si eres miembro de su superequipo, él espera que lo desafíes. Exige una conversación intensa.

Esto no es común en las empresas estadounidenses. En la mayoría de las organizaciones, los altos ejecutivos están demasiado aterrorizados para practicar el disentimiento en la C-suite.[2] No puedo decirte cuántos directores generales se han quejado: «Nadie me desafía nunca». Del mismo modo, es de perjudicial que la «colaboración» se haya transformado en una norma laboral en donde «llevarse bien» es más importante que involucrarse en los detalles, tener la razón o tomar decisiones precisas y oportunas. En 2020, me citaron en el especial de la BBC «Inside the Brain of Jeff Bezos».

---

[1] Anders, George, «Bezos As a Media Tycoon: This is His Undeniable Agenda», *Forbes*, 5 de agosto de 2013.

[2] El *C-suite* es considerado el grupo más importante e influyente de individuos en una empresa. Ser un miembro de este grupo viene aparejado con la capacidad de tomar decisiones de alto riesgo, una carga de trabajo más exigente y una compensación elevada. Sin embargo, a medida que proliferan los títulos «principales», la inflación en el empleo puede disminuir el prestigio asociado con ser miembro del C-suite. «¿Eres un C-Suite?», *Forbes*, España. Última actualización: 12 de mayo de 2021, forbes.es/lifestyle/10872/eres-un-csuite/ *(N. de t.).*

Esta concepción de tener un debate sano y luego tomar una decisión y comprometerse con ella es clave. No sucede así en la mayoría de las organizaciones, sino todo lo contrario. En la mayoría no debaten activamente; se reservan su verdadera postura, no lideran con la pasión por el cliente o los datos, no respetan a quien toma la decisión y, cuando se toma una, suelen ser pasivoagresivos si no están de acuerdo con ella. No aceptan sinceramente que la decisión sea exitosa.[3]

Por el contrario, Amazon puede ser una cultura de gladiadores. Nadie sale del coliseo ileso, pero si luchas duro, puedes obtener la gloria y, en el peor de los casos, vivir para luchar otro día. Pero si te niegas por completo a luchar por el emperador, tienes garantizado que te sacarán en tu escudo.

En Amazon aprendí que estar en desacuerdo con Jeff y los otros altos ejecutivos no solo era beneficioso para mí en lo personal (como «propietario»), sino que también era mi obligación con el cliente, con los accionistas y con la empresa. «Si conduzco a todos hacia un precipicio», decía Jeff, «tienen tanta culpa como yo».

Durante mis años en Amazon quizá gané o presencié muchos combates de gladiadores con Jeff, tanto ganados como perdidos. Y lo que es más importante, mi disposición a enfrentarme a él alentó a otros a hacer lo mismo. Quienes nos veían interactuar se animaban y empezaban a tener el mismo tipo de conversación enérgica con él y con los demás, con cautela al principio y con más naturalidad después. Así es como creas una cultura sana de arriba abajo, practicando los principios, no solo colocándolos en una pared.

> Así es como creas una cultura sana de arriba abajo, practicando los principios, no solo colocándolos en una pared. 🔍

---

[3] «Inside the Brain of Jeff Bezos», BBC *Sounds*. Última modificación: 24 de noviembre de 2020, bbc.co.uk/sounds/play/m000pmxh ~12:30.

La importancia de la fortaleza mental

La firmeza necesaria para estar en desacuerdo con algunas de las mentes empresariales más inteligentes del mundo y comprometerte con tu propia visión requiere una inmensa fortaleza mental. La psicoterapeuta Amy Morin recopiló una lista de rasgos que caracterizan a las personas mentalmente fuertes. Cuando la leí, pensé de inmediato en la cultura de gladiadores de Amazon. Si quieres triunfar en el implacable y feroz mundo competitivo de Jeff, no puedes:

- Sentir lástima por ti mismo
- Renunciar a tu poder
- Rehuir del cambio
- Desperdiciar energía en cosas que no puedes controlar
- Preocuparte por complacer a los demás
- Tener miedo a los riesgos calculados
- Vivir en el pasado
- Cometer los mismos errores una y otra vez
- Resentir el éxito de los demás
- Rendirte tras el fracaso
- Sentir que el mundo te debe algo
- Esperar resultados inmediatos[4]

En una línea similar, la psicóloga y escritora Angela Duckworth ha realizado una distinguida investigación sobre la importancia de lo que ella llama «agallas». Sostiene que el éxito se define solo en parte por el talento, es decir, la capacidad natural de tocar el piano, lanzar una bola curva o deslizarse a través de una ola de seis metros La verdadera prueba de la capacidad de alguien para llegar a la cima reside en la perseverancia, en la tenacidad que

---

[4] Morin, Amy, «13 Things Mentally Strong People Don't Do», Lifehack.org, 13 de noviembre de 2013.

muestra cuando se enfrenta a obstáculos o conflictos.[5] Aunque la investigación de Duckworth se centró en las tasas de éxito de los graduados de West Point y los participantes del concurso de ortografía, estoy convencido de que sus teorías también se demostrarían en Amazon. Los más exitosos son quienes pueden sobresalir en la olla de presión, semana tras semana, se sacuden el fracaso ocasional y las críticas posteriores, bajan la cabeza y siguen adelante.

[5] Duckworth, Angela L., C. Peterson, M. D. Matthews, D. R. Kelly, «Grit: Perseverance and Passion for Long-Term Goals», *Journal of Personality and Social Psychology*, 92(6), 1087-1101. doi.org/10.1037/0022-3514.92.6.1087.

Capítulo 14. Obtén resultados

Los líderes se centran en los insumos clave para su negocio y los entregan con la calidad adecuada y de manera oportuna. A pesar de los contratiempos, están a la altura de las circunstancias y nunca se conforman.

En definitiva, en Amazon es importante lograr resultados. Este simple hecho, sin embargo, oculta una realidad tremendamente compleja. Tales resultados no son gratuitos ni aumentan en exceso las ganancias. Cuidadosamente diseñado y debatido a fondo, este conjunto de «insumos controlables» vincula los objetivos del individuo con los del equipo, la unidad de negocio, el equipo ejecutivo y la organización en su conjunto. Aquí incluyo cuatro lecciones sutiles pero fundamentales para ayudar a construir una cultura de responsabilidad e innovación, basada en la misión de Amazon de «lograr resultados» de forma constante.

1. Concéntrate en los insumos

¿Alguna vez has luchado por alcanzar objetivos o has sentido que tus metas eran demasiado ambiciosas? Después de dejar Amazon, fui socio de una empresa de consultoría global. Como socio, el objetivo era simple: desarrollar y entregar nuevos negocios cada año con una meta de ingresos específica directamente relacionada con nuestra compensación. La calidad, la tutoría, el desarrollo de la propiedad intelectual y la ayuda a los demás eran importantes, pero 90% de los objetivos y la atención se centraba en la ganancia. Este sencillo enfoque poseía cierta elegancia; no obstante, la mayoría de los socios se sentían ajenos al resultado porque no tenían un control *directo*. En cambio, dirigíamos una amplia variedad de insumos probados, lo que incluía las relaciones con los clientes, las reuniones de desarrollo comercial, los *white papers* o libros blancos[1] y la forma en que establecíamos y comercializábamos nuestra experiencia dentro y fuera de la empresa, lo que en última instancia conduciría al resultado: proyectos de consultoría e ingresos. Me centré en los insumos y aconsejé a otros socios que hicieran lo mismo. Si lo hacen de forma consistente, se debe llegar hacia el resultado correcto.

Amazon tiene la firme creencia de establecer objetivos exigentes tanto para los equipos como para los individuos, pero definiéndolos de tal manera que tengan el control para alcanzarlos, aun si son elevados. Esto empodera a los equipos y los conduce a alcanzar grandes logros. Por supuesto, muchos de los objetivos tienen un componente directo con la experiencia del cliente y rara vez están orientados a los ingresos. «Los líderes de alto rango que son nuevos en Amazon a menudo se sorprenden por el poco tiempo que pasamos discutiendo los resultados financieros alcanzados o los proyectados a futuro», escribió Bezos. «Ciertamente, nos los tomamos muy en serio, pero estamos convencidos de que centrar nuestra energía en los insumos controlables de nuestro negocio es la forma más efectiva de maximizar los resultados financieros a lo largo del tiempo».[2]

El proceso anual para establecer objetivos y revisar las iniciativas de Amazon no ha cambiado en años. Comienza en otoño y concluye a principios del nuevo año, tras el periodo de vacaciones. Estas sesiones para establecer objetivos, «largas, enérgicas y orientadas al detalle», están diseñadas para elevar la barra en relación con la experiencia del cliente, así como con las operaciones

---

[1] Díaz Soloaga, Carmen, «¿Qué es un *white paper* y cómo se hace?», 12 de octubre de 2021, socialmediapymes.com/que-es-un-white-paper-y-como-se-hace/ *(N. de t.).*
[2] Bezos, Jeff, «2009 Letter to Shareholders», *Amazon*. Consultado: 15 de abril de 2021, sec.gov/Archives/edgar/data/1018724/000119312510082914/dex991.htm.

y las iniciativas que se llevarán a cabo. En 2010, por ejemplo, las sesiones produjeron 452 objetivos detallados, cada uno con su propio responsable, resultados y fechas de finalización previstas. No son los únicos objetivos que los equipos establecen para sí mismos, pero son los más importantes para su seguimiento. Ninguno de estos objetivos es asunto fácil. Muchos son inalcanzables sin ayuda. Es más, la dirección revisa el estatus de cada objetivo varias veces a lo largo del año, añadiendo, eliminando y modificándolos según sea necesario. «Si se consideran como un todo, el conjunto de objetivos es indicativo de nuestra propuesta base», explica Bezos. «Empieza por los clientes y trabaja hacia atrás. Escucha a los clientes, pero no solo hace esto, también inventa en su nombre. No podemos asegurar que vayamos a cumplir todos los objetivos del año. No lo hemos hecho en años anteriores. Sin embargo, podemos asegurar que seguiremos con nuestra pasión por los clientes. Tenemos la firme convicción de que ese enfoque —a largo plazo— es tan bueno para los empresarios como lo es para los clientes».[3]

2. Debate y coordina intensamente

En 2020 entrevisté para este libro a un líder de Amazon, con 15 años de antigüedad, sobre el proceso de establecer objetivos. Cada objetivo anual requería cuatro revisiones de varias horas antes de poder presentarse. El debate es una combinación entre comprender lo que están tratando de lograr, conocer los «insumos controlables» para alcanzar dicha meta y, entonces, establecer un objetivo ambicioso, pero viable. Estos objetivos nunca tienen una «ganancia por acción» y a menudo tampoco cuentan con otras métricas financieras de salida vinculadas a ellos. Los líderes que piensan como propietarios son cruciales para este proceso porque no quieren a personas que prioricen los resultados a corto plazo a expensas del valor de la empresa a largo plazo. Cuando las organizaciones priorizan los objetivos financieros de producción, suelen sacrificar

---

[3] *Idem.*

161

el panorama general. Por ello, es importante debatir y coordinar los objetivos anuales con más intensidad que nunca.

> Los líderes que piensan como propietarios son cruciales para este proceso porque no quieren a personas que prioricen los resultados a corto plazo a expensas del valor de la empresa a largo plazo.

3. Los buenos equipos son valientes

En Amazon existe un objetivo ambicioso llamado BHAG[4] o «gran objetivo, descabellado y audaz» con el que empodera a sus equipos. Al eliminar todas las excusas como segunda opción, Amazon permite que los equipos de alto desempeño tengan un rendimiento superior y que los equipos de bajo rendimiento fracasen, lo cual mejora inevitablemente su desempeño. Cuando los objetivos son claros, alcanzables y están bajo tu control, los buenos equipos redoblan la apuesta, vuelven a comprometerse y se superan, sin importar los desafíos y los obstáculos. Tienen agallas.

4. El proceso de gestión de bucle cerrado

Una vez que te hayas concentrado en los insumos controlables, creado objetivos SMART[5] (específicos, cuantificables, alcanzables, relevantes y temporales) y establecido iniciativas flexibles para los individuos y los objetivos, debes comprometerte con un enfoque de gestión del rendimiento de ciclo cerrado. Amazon ha tenido varios enfoques diferentes de la revisión del desempeño, incluido un sistema que proporciona a los empleados retroalimentación diaria proveniente de sus compañeros. Sin embargo, la filosofía de gestión del rendimiento de Amazon se basa en tres principios:

---

[4] *Big, Hairy, Audacious Goal* en inglés *(N. de t.)*.
[5] *Specific, Measurable, Achievable, Relevant, Time-bound (N. de t.)*.

1. *Existe una gran diferencia entre los empleados con calificaciones A y B.* Como resultado, los empleados con *A* reciben la mayor parte de las recompensas de la empresa, principalmente en forma de acciones.

2. *Los ascensos están muy controlados.* Requieren documentos de varias páginas con pruebas contundentes que justifiquen la promoción, los cuales deben ser leídos y debatidos por toda la cadena de mando hasta el director general. Estos documentos también pueden auditarse para garantizar que las afirmaciones no sean exageradas. Por último, cada año, Amazon despide entre 5% y 8% de empleados por no alcanzar los niveles de excelencia requeridos.

3. *Vivir los principios de liderazgo.* Las revisiones anuales tienen en cuenta si un empleado «ha vivido de acuerdo con los principios de liderazgo». Esta métrica requiere que los miembros de la organización muestren *cómo* alcanzaron sus metas al tiempo que perpetuaron y reforzaron los principios de liderazgo como si se trataran de la «Estrella del Norte» de la empresa. Si contravienes los principios de liderazgo al faltar a la pasión por el cliente, al comunicarte vagamente o quizás al no contratar o desarrollar un equipo de primera clase, si te permites un bajo nivel de exigencia, si ignoras los detalles o no «piensas en grande», no obtendrás los resultados adecuados.

En Amazon existe una enorme presión para obtener resultados. Ser pionero no es fácil. Creo que el decimocuarto principio es el que pone el *punto final*. Los líderes están obligados a obtener resultados de la manera correcta, los resultados sí que importan, y mucho.

> Los líderes están obligados a obtener resultados de la manera correcta, los resultados sí que importan, y mucho.

Conclusión

Como habrás notado, los principios de liderazgo aquí presentados no son secretos; están expuestos públicamente para que el mundo los estudie o no. La clave de los principios radica en la combinación de estos y en cómo se ponen en práctica para tomar las decisiones cotidianas en Amazon. Permíteme reiterar que estos principios están presentes todos los días, en escenarios reales de toma de decisiones, en cada rincón y en cada nivel de Amazon.

Como cualquier dogma eficaz, los principios de liderazgo deben emplearse como una guía, no como un modelo. Incluso las doctrinas más ilustradas se estrellarán y quemarán cuando los fundamentalistas les pongan las manos encima. En última instancia, Jeff lo tiene claro. Quizá lo expresó mejor cuando dijo: «Si no eres obstinado, dejarás de experimentar demasiado pronto. Y si no eres flexible, te golpearás la cabeza contra la pared y no verás una solución diferente a un problema que estás tratando de resolver». Jeff entiende que lo crucial es lograr un equilibrio de sentido común, no tratar de seguir un conjunto de reglas como si fueran una receta para el éxito.

Dar más importancia de la que debería a uno de los principios puede destruir todo el marco y arruinar el efecto deseado. Por ejemplo, si intentas comprender todos los detalles de tu negocio, microgestionar y tienes estándares exigentes en temas frívolos (principio 12, «profundiza» y principio 7, «insiste en los más altos estándares»), es posible que tu equipo no avance al ritmo que debería y no ofrezca el alcance necesario (principio 9, «ten iniciativa» y principio 14, «obtén resultados»). Ya te haces una idea.

Cuando estaba en Amazon, desde inicios y hasta media- dos de la década del año 2000, los principios de liderazgo se utilizaban y discutían, pero no había formación sobre ellos, y no recuerdo que nos presentaran de manera formal una lista escrita. Hoy en día, los principios se mencionan y se utilizan de forma activa en la orientación, la formación, las revisiones de rendimiento, etc. Un cliente mío que dirigía importantes opera- ciones tecnológicas en otra empresa de alta tecnología hizo una estancia de un año en Amazon y luego decidió volver a su anti- guo empleo. Cuando reflexionó sobre las lecciones que apren- dió, mientras disfrutábamos de una cerveza juntos, me dijo: «En mi empresa actual, ni siquiera puedo decirte cuáles son los principios de liderazgo. Quizá fueron desarrollados por un consultor. Desde luego, no se utilizan para tomar decisiones de forma activa. Lo que es único de los principios de liderazgo de Amazon es su naturaleza táctica: se utilizan cada día para tomar mejores decisiones».

De esta manera, los dejo con un último *jeffismo* sobre el de- sarrollo de su propia cultura de empresa: «Parte de la cultura de la organización depende de la trayectoria: son las lecciones que se aprenden en el camino».[1] Estos 14 secretos de liderazgo son algunas de las lecciones que Jeff Bezos y Amazon han apren- dido durante su trayectoria. Espero que te resulten útiles en tu propio viaje por el desafiante, dinámico, complejo e increíble- mente prometedor mundo empresarial de hoy. Ojalá disfrutes de alguna manera el éxito que ha experimentado Amazon.com. Soy optimista respecto a los próximos 25 años y espero que muchas empresas consideren su versión de la Regla de Oro al igual que espero que Amazon lo haga para sus principios de liderazgo.

---

[1] LaGesse, David, «America's Best Leaders: Jeff Bezos, Amazom.com CEO», *US News & World Report*, 19 de noviembre de 2008, usnews.com/news/best-leaders/ articles/2008/11/19/americas-best-leaders-jeff-bezos-amazoncom-ceo.

Apéndice A.
Agilidad y liderazgo durante una pandemia global

*Las malas empresas colapsan con las crisis; las buenas
sobreviven y las grandes mejoran con ellas.*
Andy Grove

Como un cisne negro que aterriza de golpe en un charco de lluvia, la pandemia de COVID-19 obligó a todas las empresas a apartarse del camino y a realizar maniobras evasivas. Fue un ejercicio de agilidad organizacional en tiempo real.

Con más de un millón de empleados y más de 175 centros de distribución, Amazon enfrentó un enorme desafío al mantener sus operaciones al mismo tiempo que la seguridad de sus empleados. Para complicar las cosas, tuvo que gestionar una cadena de suministro global con una importante exposición con China. Los resultados de la cadena de suministro no fueron perfectos y los centros de distribución de Amazon han experimentado muchos problemas relacionados con la salud. A pesar de la interrupción de la cadena de suministro y de los conflictos laborales, Amazon se ajustó, cambió, priorizó, se esforzó y se apresuró a servir a un país muy necesitado.

Para muchas organizaciones, la pandemia fue el último clavo en el ataúd. La mayoría se concentró en sobrevivir. Sin embargo, otras, como Amazon, prosperaron. A medida que el acceso a las tiendas físicas de todo tipo se limitaba o dejaba de existir, los consumidores confiaban cada vez más en la capacidad de Amazon para proveer productos esenciales. Cuando los gobiernos y las entidades públicas pidieron a Amazon que ayudara a distribuir insumos médicos, Bezos eliminó la mercancía no esencial de su cadena de suministro para centrarse exclusivamente en los bienes básicos.[1] Aunque los plazos de entrega se resintieron al principio, Amazon reinventó con éxito su organización minorista y la cadena de suministro para adaptarse a las limitaciones y necesidades de la pandemia. Durante un periodo en el que 33 000 000 de estadounidenses se registraron como desempleados, Amazon también proporcionó los puestos de trabajo que tanto se necesitaban, evaluando y contratando a unos 175 000 trabajadores extra y aumentando su salario mínimo a 17 dólares por hora.

En una carta a los accionistas de finales de abril de 2020, Jeff Bezos describió la pandemia como «el momento más difícil al que nos hemos enfrentado». Entonces, ¿cómo respondió Amazon con tanta rapidez y agilidad? En primer lugar, la alta dirección comunicó decisiones claras y directas. Al reconocer que la pandemia era históricamente desestabilizadora, Bezos cambió sus prioridades para retomar las reuniones diarias con su superequipo. No dijo: «El COVID-19 es importante» o «el COVID-19 es una prioridad». Declaró, muy públicamente, que estaba «totalmente centrado» en la respuesta de Amazon al COVID-19. «Mi tiempo y mis pensamientos están ahora totalmente centrados en el COVID-19 y en cómo Amazon puede desempeñar mejor su papel», dijo. «Pero tomar y comunicar la decisión es solo el principio».[2]

Para ser una organización de acción rápida, Amazon cree en los equipos pequeños, en la toma de decisiones descentralizada y en los 14 principios de liderazgo descritos en este libro. Cuando Bezos comunicó que Amazon haría todo lo posible para

---

[1] Johnson, Kelsey, «Canada signs agreement with Amazon Canada to manage distribution of medical equipment», *Reuters*. Última modificación: 3 de abril de 2020, reuters.com/article/us-health-cornavirus-canada-amazon/canada-signs-agreement-with-amazon-canada-to-manage-distribution-of-medical-equipment-idUSKBN21L2MO.

[2] Nickelsburg, Monica y Todd Bishop, «Internal memo: Jeff Bezos tells Amazon employees he's "wholly focused" on the COVID-19 crisis», *GeekWire*. Última modificación: 21 de marzo de 2020, geekwire.com/2020/internal-memo-jeff-bezos-tells-amazon-employees-hes-wholly-focused-covid-19-crisis/Y.

hacer frente a la pandemia, líderes como Dave Clark, director general de Operaciones de Consumo Mundial, fueron responsables de comunicar la directriz a cada líder de Amazon, de tal manera que no solo la atendieran, sino que también pudieran transmitirla con la misma claridad a sus propios subordinados directos. El tiempo de retraso mínimo fluye en parte porque se buscan pocas autorizaciones. Aunque entienden el impacto financiero, la optimización de la rentabilidad no es lo primero de la lista. Este proceso actúa como una médula espinal que conecta el cerebro (las decisiones de la dirección) con los músculos (los equipos), que han sido capacitados para reaccionar y optimizar sin la carga de la microgestión, o incluso de las instrucciones. En otras palabras, el liderazgo de Amazon *piensa* y el cuerpo responde. La dirección de Amazon comunica el contexto, y el resto de la organización lo interpreta y toma decisiones descentralizadas.

Mientras tanto, los pequeños grupos de trabajo llamados «de dos pizzas» construyen los procesos, los sistemas y la información como partes bien definidas de un todo para permitir el aumento de la demanda y de la capacidad de atención. Invierten en infraestructura —informática, logística, tiendas, canales— con mucha antelación a las necesidades reales. Su modelo de negocio es multilateral. El impacto de un negocio puede ser negativo, mientras el de otros probablemente sea positivo. ¿Cómo llegó Amazon a ser un modelo de negocio multilateral? Invirtiendo y explorando nuevos negocios. Por supuesto, muchos de estos negocios fracasaron, y todos requirieron inversión antes de que siquiera pudieran conocerse los rendimientos.

Todo lo anterior se sustenta en una orientación infalible a largo plazo. Bezos les dio a los accionistas de su empresa la famosa advertencia de que «tomaran asiento» porque la compañía planeaba destinar 4000 millones de dólares o más durante los próximos tres meses a gastos relacionados con el coronavirus, lo que incluía entregar productos a los clientes y mantener la seguridad de los empleados.[3] Está en el ADN de Amazon hacer lo correcto para los clientes de inmediato, sacrificando las ganancias a corto plazo para centrarse en el largo plazo. Esto no es nada nuevo. En su carta de 1997 a los accionistas de Amazon —a la que todavía se hace referencia en todas las cartas posteriores—, afirma: «Creemos que una medida fundamental de nuestro éxito será el valor a largo plazo que creamos para los accionistas... Nuestras decisiones han reflejado de manera sistemática este enfoque».[4] Pero no es el altruismo lo que los impulsa. Este es un buen negocio. *¡Así es como innovas!*

Durante la pandemia, atendí numerosas preguntas de los medios de comunicación: «¿Cómo responde Amazon de la forma en que lo hace?». La respuesta corta es que están preparados para el evento del cisne negro. Tal preparación no ocurre por accidente, no es barata ni veloz. Amazon se construyó para los rápidos cambios de demanda, la acción rápida y el liderazgo decisivo.

Empieza a apostar por cómo esta pandemia dará forma a las futuras inversiones y oportunidades de Amazon. Espero que redoblen su apuesta por el cuidado de la salud, en la que ya estaban concentrados. La muy publicitada empresa Haven, asociada con JP Morgan y Berkshire Hathaway, cerró en 2021, pero entre las necesidades de los propios empleados de Amazon y la oportunidad de mercado, el cuidado de la salud es y será un conjunto de negocios enorme y multifacético para Amazon. Puesto que su cadena de suministro sigue siendo la más innovadora y ágil del mundo, se espera que abra camino en la supervisión y la transparencia de otras. «Bezos esbozó una visión para las pruebas de COVID-19 en casa, los donantes de plasma, los equipos de protección individual (EPI), el distanciamiento, la compensación adicional y los protocolos para adaptarse a un nuevo mundo»,

---

[3] Rushe, Dominic y Michael Sainato, «Amazon posts $75bn first-quarter revenues but expects to spend $4bn in Covid-19 costs», *The Guardian*. Última modificación: 30 de abril de 2020, theguardian.com/technology/2020/apr/30/amazon-revenues-jeff-bezos-coronavirus-pandemic.

[4] Bezos, Jeff, *Amazon*. Consultado: 15 de abril de 2021, sec.gov/Archives/edgar/data/1018724/000119312513151836/d511111dex991.htm.

dice Scott Galloway, influyente del *marketing* y profesor de la Escuela de Negocios Leonard N. Stern de la Universidad de Nueva York. «Jeff Bezos está desarrollando la primera cadena de suministro de vacunación del mundo».[5] Tengan por seguro que Amazon transformará la cadena de suministro de nueva generación en su próximo *negocio mágico*.

Entonces, ¿cómo lo hace? Considera el hecho de que, durante la pandemia, se le concedió a Amazon una patente titulada *Certificación de Registros Distribuidos*. Esta patente es el primer paso para «proporcionar confianza digital desde el primer kilómetro en la cadena de suministro de un artículo.[6] Los principios de liderazgo responden a la pregunta: «¿Cómo lo hacen?». Piensan en grande, piensan a largo plazo, inventan y simplifican, miden todo y ponen al cliente en el centro de todo.

Esto no ocurre por accidente.

[5] Galloway, Scott, «The Fourth Great Unlock», *profgalloway*. Última modificación: 8 de mayo de 2020, profgalloway.com/the-fourth-great-unlock.
[6] «Distributed ledger certification». Consultado: 15 de abril de 2021, patents.google.com/patent/US20190026685A1/en.

Apéndice B.
Desarrolla tus principios de liderazgo

Opera con principios que estén tan claramente expuestos que su lógica permita evaluarse con facilidad, y tú y los demás puedan ver si predican con el ejemplo.
Ray Dalio, Principios

El proceso de identificar y articular los principios de liderazgo de tu equipo debe ser una actividad colaborativa, repetitiva y estratégica, no una actividad apresurada, delegada ni subcontratada. Aquí incluyo mis reflexiones para el desarrollo de tus principios de liderazgo.

Trabaja hacia atrás

Inicia el proceso motivando a tu equipo con un ejercicio de visión. Elabora un comunicado de prensa futuro fechado cinco años adelante que proyecte los logros de tu equipo en ese periodo. Antes de escribirlo, pregúntate:

- ¿Cómo creció tu organización en ese tiempo?
- ¿Qué cambios se produjeron en la cultura y en las normas de la organización?
- ¿Cómo son las interacciones diarias (por ejemplo, las experiencias de los empleados, las reuniones, la toma de decisiones)?
- ¿Cómo escalaste? ¿Te moviste rápidamente? ¿Te volviste ágil?

- ¿Cuáles fueron los mayores obstáculos por superar?
- ¿Cuáles fueron los principios de liderazgo que hicieron posibles estos logros?

Recuerda que tu comunicado de prensa futuro no tiene que ser perfecto. De hecho, no puede serlo porque se trata del futuro. Piensa en este como un documento abierto al que puedes regresar tantas veces como quieras. Una vez que lo hayas redactado, imagina dónde pueden existir lagunas entre el ideal y el mundo real. En otras palabras, evalúa tu cultura con una mirada objetiva y crítica. Es común que una cultura opere de manera muy diferente de como queremos que funcione. Es el momento de hacer una autocrítica brutal mediante la «búsqueda de la verdad». Aborda los problemas. Define objetivos claros y tangibles.

Construye tus principios

Sin seres humanos que los actualicen, los principios de liderazgo son solo palabras en una página. Cada principio es solo un marco donde cuelgas escenarios del mundo real. Comienza a crear un expediente de posibles escenarios y resultados con base en tu visión del futuro para seguir desarrollando estos principios de liderazgo. Los principios son fundamentales por definición. Aquí algunas preguntas que ayudan a ver estos cimientos desde diferentes ángulos y perspectivas:

- ¿Quiénes son tus clientes y qué valor les vas a aportar? ¿Qué problemas vas a resolver? Define claramente tus propuestas de valor. Detecta el principio que las impulsa.
- ¿Quiénes son tus accionistas y qué deben esperar de ti? Por ejemplo, si los socios son fundamentales para tu negocio, ¿qué deben esperar de ti? ¿Tú qué esperas de ellos?
- ¿Cuáles son tus creencias sobre el futuro? ¿Cómo esas creencias definen a tu organización?

174

- ¿Tienes una misión fuerte o central? ¿Cómo perfila esta misión los principios potenciales?
- ¿Cuáles son los aspectos no negociables en tu organización? Por ejemplo, tal vez tengas una regla como «no se permiten idiotas brillantes» que necesite reflejarse en los principios.
- ¿Qué valoras sobre la manera en que se realiza el trabajo en la organización?
- ¿Cómo haces que todos se responsabilicen?
- ¿Cómo sabe un empleado si está tomando la decisión correcta, si tiene el poder para tomar una decisión o si está haciendo lo correcto?
- ¿Qué debería hacer famosa a la organización en los sitios de reseñas de empleados como Glassdoor?

Considera preguntas como estas para pensar en los temas que los principios deben abordar. Estas ideas son hierro en bruto que necesitan que las trabajen y reelaboren varias veces, que las labren y retoquen para, finalmente, pulirlas hasta que brillen.

Haz una lluvia de ideas sobre los candidatos a principios

Asegúrate de que tu equipo sepa que no hay *malas ideas*. Fomenta un flujo libre de conceptos. Impulsa a los participantes a que definan mucho mejor cada principio con ejemplos de cómo sería en la práctica. Pídeles esforzarse para determinar por qué ese principio debería convertirse en «uno de los seleccionados» y que lo expliquen en un párrafo con el fin de darle mayor contexto y dimensión.

Investiga sobre otras empresas y sus principios; puedes hacerlo en este punto o quizás antes de empezar a construir tus principios. Estudia, critica o imita los principios y postulados de liderazgo de las empresas que admiras. En este momento, las ideas y las opciones apenas se están desarrollando, por ello, buscar puntos de referencia y ejemplos ayuda a este propósito.

Racionaliza y consolida un primer borrador

Esto deben realizarlo los líderes responsables de la toma de decisiones, es decir, los altos cargos de la organización. A estos líderes de la empresa no solo se les pedirá que entiendan correctamente estos principios, sino que también sean sus principales defensores. Para que los principios de liderazgo impulsen una organización, sus líderes deben comunicarlos y lograr que los demás sean responsables de ellos.

Una vez establecidos, el equipo de liderazgo debe ponerlos en práctica de manera oficial y destacada en todos sus negocios juntos. El resto de la organización estará observando de cerca, por lo que el primero en adoptarlos deber ser el equipo ejecutivo.

En otras palabras, asegúrate de entender y creer por completo en estos principios al tiempo que contribuyes en su formación. Reúnanse varias veces para redactarlos. No se apresuren. Visualízate escribiéndolos a lápiz o «grabándolos en gelatina». Sigue perfeccionándolos y dales el tiempo que necesitan para que se horneen adecuadamente.

Dudo que tengas *demasiados* principios, pero es probable que así sea. Por lo tanto, limita tu lista a los atributos culturales esenciales por los cuales quieres que tu empresa sea reconocida. Esto muestra cómo los principios obvios no aportan mucho valor. No diferencian tu cultura o estrategia.

Evita los principios vacíos

El objetivo de tener principios empresariales es distinguir cómo tu cultura te ayuda a competir y ganar. Los verdaderos principios son los que marcan la diferencia en tu empresa, no son un ejercicio para «sentirse bien». No son un póster. No los hagas demasiado vagos ni dejes que uno solo aplique para todo. Si tus principios pudieran utilizarse en casi cualquier empresa, si no generan una ventaja competitiva para ti, si son, como se dice, puros «valores tradicionales», entonces son principios vacíos.

Por supuesto, «ser ético» no es negociable. Claro que, «tratar a los demás con respeto» es lo esperado. Pero en ambos casos,

¿te ayudan a competir e identificar a las personas adecuadas para tu organización? ¿Marcan la diferencia?

En su artículo «Haga que sus valores signifiquen algo»,[1] publicado en *Harvard Business Review*, Patrick Lencioni escribe:

> Eche un vistazo a esta lista de valores corporativos: Comunicación. Respeto. Integridad. Excelencia. Suenan bastante bien, ¿no? Tal vez incluso se parezcan a los valores de su propia empresa. Si es así, debería estar nervioso. Estos son los valores corporativos de Enron, tal y como se enuncia en su informe anual del 2000. Y no tienen sentido. De hecho, la mayoría de las declaraciones de valores son sosas, inútiles o simplemente deshonestas. Y lejos de ser inofensivas, como suponen algunos ejecutivos, suelen ser muy destructivas. Las declaraciones de valores vacías crean empleados cínicos y desanimados, alejan a los clientes y socavan la credibilidad de la dirección.[2]

Al igual que la comida chatarra, estos principios son peores que nada. Vive tan solo con comida chatarra y calorías vacías y la comida, de hecho, se convertirá en la enfermedad.

Construye mecanismos

¿Cómo se practica o manifiesta un principio? En muchos casos, es probable que tu organización tenga formas de demostrar el principio. A veces, quizá tengas que incorporar nuevas prácticas para dar vida al principio. Pero si no puedes identificar un conjunto de técnicas reconocibles para un principio, entonces será más difícil de formar, reconocer y poner en práctica. Aquí un ejemplo:

1. *Principio.* Nos guiaremos por los datos en nuestras operaciones.

---

[1] Versión en español en hbr.org/2002/07/make-your-values-mean-something?language=es *(N. de t.).*
[2] Consultado el 3 de abril de 2023 en: hbr.org/2002/07/make-your-values-mean-something?language=es.

177

2. *Mecanismo.* Cada proceso o servicio que pueda afectar la experiencia del cliente debe tener un SLA (acuerdo de nivel de servicio) de alto nivel que se calcule a diario. Si el SLA falla, el equipo completará una «corrección de error» para impulsar el análisis de la raíz del problema y la mejora.

Añadir mecanismos a cada principio te permite pasar de un mero concepto a un enfoque definido.

Redacta tus principios y comunícalos

Es hora de redactar tus principios, anunciarlos y promoverlos. Establece las expectativas y, en un inicio, vive con ellas por un tiempo. En el futuro se plantearán ajustes. Al igual que las políticas públicas o las leyes, los ajustes se realizarán con diligencia y con el debido proceso, no solo porque alguien se incomode o moleste. Si has trabajado duro para llegar a este punto, tu creencia y tu convicción detrás de este conjunto de principios para tu organización deben ser muy fuertes y explicables.

La comunicación consistente es la clave. Todo directivo de alto nivel necesita un guion de ventas. Si uno de tus directivos es reacio, pesimista o pasivoagresivo, tienes un verdadero problema. Todos percibirán la negatividad y es probable que tengan la impresión de que pueden optar por no participar en la iniciativa. Mi recomendación es despedir al menos a uno y comunicar a la organización el motivo. Esto marca la pauta de que los principios son reales.

Los principios del equipo pueden ser el truco

Muchos equipos de Amazon tienen un conjunto de principios. Se trata de principios y objetivos especializados para ese equipo en apoyo de su misión. Si tu organización tiene principios, pero quieres afinarlos para *tu* equipo, piensa en los principios de este.

178

O si eres líder de un equipo y no puedes ocuparte de toda la empresa, los principios del equipo pueden ser una forma de elevarlo a un nivel superior de rendimiento. El proceso es el mismo; solo hemos reducido un poco la aplicación.

El equipo de recursos humanos de Amazon posee un conjunto de fundamentos. Tienen muchas características en común con los de Amazon: claridad, definición, capacidad de actuar y juzgar en función de ellos. Sin embargo, están elaborados solo para la misión de este equipo y no para la misión de toda la organización:

Principios de recursos humanos de Amazon:
Construimos un lugar de trabajo para que los
amazonianos inventen en nombre de los clientes.

Los empleados vienen a Amazon para hacer un trabajo significativo, y nosotros lo hacemos más fácil eliminando barreras, arreglando defectos y permitiendo el autoservicio. Postularse a una vacante, trabajar y dejar Amazon deben ser experiencias libres de frustraciones.

Buscamos ser la organización de Recursos Humanos más científica del mundo. Formamos hipótesis sobre la mejor técnica de adquisición, retención y desarrollo del talento y luego nos proponemos probarlas o refutarlas con experimentos y una cuidadosa recopilación de datos.

A medida que desarrollamos nuevos programas y servicios, trabajamos hacia atrás, desde el empleado y el candidato, entendiendo que nuestro trabajo tiene un impacto directo en los clientes. Priorizamos el trabajo que resulta en un impacto medible para ellos.

Reconocemos que ningún proceso o política puede estar tan bien diseñado como para cubrir de manera asertiva todas las situaciones. Cuando el sentido común no concuerda con una de nuestras políticas o prácticas, hacemos excepciones de alto criterio.

179

Pretendemos ser la organización de Recursos Humanos más competente del mundo en cuanto a la parte técnica. Nuestro equipo incluye ingenieros, informáticos y directores que desarrollan productos de primera clase, fáciles e intuitivos para candidatos y empleados.

Gestionamos los Recursos Humanos como un negocio, y debemos escalar más rápido por medio de la tecnología y los procesos simplificados en lugar de hacerlo a través del crecimiento de la plantilla de Recursos Humanos. Nosotros mismos nos auditamos de manera rigurosa para impactar y reinventar los estándares de la industria de los Recursos Humanos.

Estamos a favor de una comunicación directa y bidireccional. Cuando hablamos de nuestro trabajo, utilizamos un lenguaje sencillo y ejemplos específicos en lugar de generalizaciones y la jerga corporativa.[1]

[1] «Maintaining a Culture of Builders and Innovators at Amazon», *Gallup*. Última modificación: 26 de febrero de 2018, gallup.com/workplace/231635/maintaining-culture-builders-innovators-amazon.aspx.

Una advertencia sobre la cultura

Como la mayoría de las cosas en la vida, la cultura es lo que tú y tu equipo hacen de manera natural, no solo aquello que se dice. La cultura se basa en principios articulados, aceptados y practicados. Si tú, de manera personal, no te adhieres a una cultura basada en principios, todos, incluso los líderes, serán observados en ese contexto y tendrán que rendir cuentas.

Por ejemplo, yo era parte de un equipo que pretendía tener una «política de no imbéciles», pero esa política se pasaba por alto. Los «imbéciles brillantes» entre nosotros no solo se toleraban, sino que se promovían, en especial si eran la clave para obtener grandes ganancias. Pero eso era entonces, y esto es ahora. Una razón clave por la que los principios de liderazgo de Amazon marcan una diferencia increíble es que los defienden líderes como Jeff Bezos, Andy Jassy y Jeff Wilke. No se disculparán por ellos. Se aseguran de que se practiquen y se adhieren a estos principios.

¿Estás listo para empezar?

Apéndice C.
Flujo de efectivo libre (FEL)

Nota del autor: escribí este documento con mi antiguo colega de Amazon y buen amigo Randy Miller. Ofrece un análisis más detallado del flujo de efectivo libre, incluyendo más antecedentes y ejemplos de los que pude proporcionar en el capítulo 8, «piensa en grande».

La venta al menudeo masiva es un negocio de bajo margen basado en la eficiencia. Sostener grandes márgenes durante un periodo prolongado es difícil y es probable que resulte en una participación de mercado menor. Desde el principio, Amazon ha establecido el rumbo y la visión de ser «la mayor tienda del mundo». Lo que empezó como una librería ahora incluye todas las categorías. Unida a esta filosofía, existe una perspectiva sobre la optimización de los resultados financieros. Jeff Bezos resume la estrategia de este modo: «Los márgenes porcentuales no son una de las cosas que buscamos optimizar. Lo que quieres maximizar es el flujo de efectivo libre absoluto en dólares por acción. Si pudiera hacerse al reducir los márgenes, lo haríamos. El flujo de efectivo libre es algo que los inversores pueden gastar».

Definición del flujo de efectivo libre

El flujo de efectivo libre (FEL) puede calcularse de varias maneras, y la mayoría de los métodos de cálculo están pensados para los inversores que buscan desentrañar los trucos contables utilizados para generar los estados financieros. Para el gerente empresarial, nos centraremos en la siguiente definición:

$$FEL = (ingresos - costos - Depr.) \times (1 - \tau_c) + Depr. - CapEx - \Delta NWC$$

[Ecuación 1]

Donde:

τ_c = tasa de impuestos

Depr. = depreciación

NWC = capital circulante

[Nótese que la depreciación se añade de nuevo porque es un gasto no monetario. Por esta razón, el FEL no es lo mismo que otras medidas utilizadas con regularidad por los inversores para evaluar la salud y el éxito de una empresa, como el EBITDA,[1] los beneficios netos y el porcentaje de margen de beneficio].

$$FEL = \underbrace{(ingresos - costos) \times (1 - \tau_c)}_{\text{Efectivo de operaciones}} - \underbrace{CapEx - \Delta NWC}_{\text{Gastos operativos}} + \underbrace{\tau_c \times Depr.}_{\text{Escudo fiscal}}$$

[Ecuación 2]

Reordenando los términos en la ecuación 1, llegamos a una definición básica del FEL: «Ingresos – Costos» representa el efectivo generado por las operaciones. CapEx y ΔNWC es el dinero que se gasta para mantener el negocio en funcionamiento, y el último término de la ecuación 2 es la contribución en efectivo que representa la «depreciación como escudo fiscal».

Las operaciones cotidianas de una empresa, como la venta de productos o servicios, son la fuente del FEL, y el gasto operativo es el efectivo gastado para hacer funcionar y mantener la empresa en el día a día. El FEL, sin embargo, es el efectivo restante disponible, y está libre para gastarse en formas que añadan valor a la empresa. En pocas palabras, el FEL es libre de gastarse de manera que aumente el valor real para los accionistas.

---

[1] EBITDA, acrónimo del inglés «Earnings Before Interest, Taxes, Depreciation, and Amortization» o «beneficio antes de intereses, impuestos, depreciaciones y amortizaciones» *(N. de t.)*.

En su carta de 2004 a los accionistas, Bezos explica la razón por la que Amazon se centra en el FEL: «¿Por qué no centrarse ante todo, como hacen muchos, en las ganancias, los ingresos por acción o el crecimiento de las ganancias? La respuesta simple es que los ingresos no se traducen directamente en flujos de efectivo, y las acciones solo estiman el valor actual de sus flujos de efectivo futuros, no el valor actual de sus ganancias futuras». Nuestra medida financiera definitiva, y la que más queremos impulsar a largo plazo, es el FEL por acción.

El flujo de efectivo libre como motor del negocio de Amazon

El FEL puede ser un poderoso motor para impulsar el valor del accionista. En Amazon, es la proverbial Estrella del Norte que los directivos toman en cuenta para guiar las operaciones y el combustible que el liderazgo utiliza para impulsar la estrategia empresarial.

La figura B-1 muestra cómo el FEL pasa de las operaciones a la estrategia empresarial, que a su vez crece y mejora las operaciones.

Figura B-1. El flujo de efectivo libre como motor del negocio

183

- *Las operaciones generan* FEL. Ya que hemos establecido que las operaciones son la fuente del FEL, el siguiente paso es fijar mediciones e indicadores clave de rendimiento o ICR (en inglés *key performance indicators,* KPI) adecuados. Algunos ejemplos de Amazon incluyen el beneficio de contribución y las ventas totales en lugar del margen de contribución como porcentaje.

Este enfoque en el FEL como la principal medida financiera en Amazon comenzó en serio cuando Warren Jenson se convirtió en director financiero en octubre de 1999. Como se señaló anteriormente en la cita de Jeff Bezos, fue también el momento en que la organización financiera de Amazon dejó de concentrarse en el margen porcentual y se enfocó en el margen de efectivo. A Bezos le encantaba lanzar el axioma «los porcentajes no pagan la factura de la luz, ¡el efectivo sí!». Entonces preguntaba: «¿Quieres ser una empresa de doscientos millones de dólares con un margen de 20% o una empresa de 10 000 millones de dólares con un margen de 5%? ¡Yo sí sé cuál quiero ser!».

Esta nueva dirección de poner el FEL en el centro de la estrategia de Amazon, así como la necesidad de gestionarla con éxito, impulsó la creación de potentes capacidades de medición y planeación. Un poderoso ejemplo de ello es el desarrollo del sólido y muy preciso modelo de «economía unitaria». Esta herramienta permite a los comerciantes, analistas financieros y modeladores de optimización comprender cómo las diferentes decisiones de compra, los flujos de procesos, las rutas logísticas y los escenarios de demanda afectarán el margen de ganancias de un producto. Esto, a su vez, dio a Amazon la capacidad de entender cómo los cambios en estas variables afectarían al FCF y le ha permitido reaccionar en consecuencia.

Muy pocos minoristas tienen esta visión financiera profunda de sus productos y, por lo tanto, tienen un trabajo realmente difícil al tomar decisiones o al construir procesos que optimicen la economía. Amazon utiliza este conocimiento para determinar la cantidad de almacenes que deben tener y dónde deben ubicarlos para evaluar y responder rápido a las ofertas de los proveedores, lograr una mejor comprensión del estado del margen de inventario, saber cuánto les costará sostener una unidad de inventario durante un periodo específico hasta el último centavo y así sucesivamente.

El FEL *como combustible de la estrategia empresarial.* Supongamos ahora que las operaciones funcionan con eficiencia y que se genera FEL. Como líder, es tu responsabilidad gastar este efectivo en aquello que genere el mayor valor para los accionistas. Tus opciones se dividen en cuatro categorías básicas:

- Inversión de crecimiento
- Pago de deuda
- Recompra de acciones
- Pago de dividendos

La inversión de crecimiento es la opción más interesante de la lista y ha sido el núcleo de la estrategia empresarial de Amazon hasta la fecha. Bezos cree que una empresa se estancará sin una innovación constante y que el principal ingrediente para una fuerte innovación es el FEL. Muchos argumentarían que gastar el FEL en la recompra de acciones o en el pago de dividendos es una señal de que la alta dirección se ha quedado sin proyectos de valor actual neto positivo y que los accionistas están buscando mejores opciones para su dinero.

En Amazon, las áreas comunes de inversión han incluido la adición de nuevas categorías, nuevos negocios, nueva infraestructura (como centros logísticos) y la expansión a través de la tecnología. Los nuevos negocios se incuban durante un periodo específico, se prueba su viabilidad y se optimizan las operaciones antes de invertir el FEL para escalar a un nivel nacional o global. Amazon Fresh es un ejemplo perfecto; funcionó a nivel local en Seattle desde 2007, antes de expandirlo a otras ciudades en 2013.

El FEL como factor de decisión

Como líder empresarial, una de tus principales responsabilidades es tomar decisiones fundadas y razonables para la gestión de tu

185

empresa. Es un hecho que estas decisiones deben basarse en datos, objetivos, ICR e información sobre la competencia, pero ¿cuáles? Veamos a profundidad cómo puede variar una decisión de nivel C con estos dos objetivos:

- Maximizar las ganancias netas
- Maximizar el FEL

Para comparar estos motores de decisión alternativos, analicemos un escenario empresarial hipotético extraído de la carta de 2004 de Jeff Bezos a los accionistas de Amazon:

> Imaginemos que un empresario inventa una máquina que puede transportar a las personas rápidamente de un lugar a otro. La máquina es costosa: 160 000 000 de dólares, con una capacidad anual de cien mil viajes y una vida útil de cuatro años. Cada viaje se vende en mil dólares, requiere de 450 dólares para costo de energía y materiales y cincuenta dólares de mano de obra, entre otros costos.
>
> Sigamos imaginando que el negocio está en auge, con cien mil viajes en el primer año, utilizando completa y perfectamente la capacidad de una máquina. Lo anterior da lugar a ganancias de diez millones de dólares después de deducir los gastos operativos, incluso la depreciación. Un margen neto de diez por ciento.

Aunque muy simplificado, este escenario empresarial nos permite examinar más de cerca el proceso de decisión.

Maximizar las ganancias netas. Es el final del primer año y el empresario debe tomar una decisión. Si el objetivo principal de la empresa es maximizar las ganancias, entonces lo mejor es invertir más capital para añadir más máquinas, impulsar las ventas y aumentar los ingresos. Supongamos que el empresario decide hacer crecer el negocio en un 100% cada año, con la compra de una máquina más en el segundo año, dos más en el tercero y cuatro más en el cuarto.

186

La tabla B-1 muestra los resultados de los primeros cuatro años del negocio cuando el objetivo de la empresa es el crecimiento de los ingresos:

GANANCIAS (EN MILES)				
	Año 1	Año 2	Año 3	Año 4
Ventas	$100 000	$200 000	$400 000	$800 000
Unidades vendidas	100	200	400	800
Crecimiento	n. a.	100%	100%	100%
Ingreso bruto	55 000	110 000	220 000	440 000
Margen bruto	55%	55%	55%	55%
Depreciación	40 000	80 000	160 000	320 000
Mano de obra y otros costos	5 000	10 000	20 000	40 000
Ganancias	$10 000	$20 000	$40 000	$80 000
Margen	10%	10%	10%	10%
Crecimiento	n. a.	100%	100%	100%

Tabla B-1. Carta de 2004 a los accionistas

Si esta máquina de transporte es en verdad revolucionaria, es de suponer que la demanda puede mantenerse en relación con la capacidad. En los primeros cuatro años de operación, la empresa prevé un crecimiento compuesto de los ingresos del 100% y ¡150 000 000 de dólares de ganancias acumuladas! Parece que el cielo es el límite para esta empresa. Veamos cómo son las cosas cuando el objetivo es maximizar el FEL.

187

Maximizar el FEL. Para analizar este negocio a través de la lente del FEL, veamos en la tabla B-2 el estado del flujo de caja para los primeros cuatro años con la compra de más máquinas:

FLUJOS DE CAJA (EN MILES)			
	Año 1	Año 2	Año 3	Año 4
Ganancias	$10 000	$20 000	$40 000	$80 000
Depreciación	40 000	80 000	160 000	320 000
Capital circulante	—	—	—	—
Flujos de caja operativos	50 000	100 000	200 000	400 000
Gastos de capital	160 000	160 000	320 000	640 000
FEL	$(110 000)	$(60 000)	$(120 000)	$(240 000)

Tabla B-2. Carta de 2004 a los accionistas

El FEL cuenta una historia muy diferente de la que cuentan las ganancias. El FEL es negativo en el primer año debido al enorme gasto de capital en la máquina de transporte. La máquina ya funciona a toda su capacidad y solo tiene una vida útil de cuatro años, por lo que incluso con un crecimiento de 0%, el valor actual neto de los flujos de efectivo (suponiendo un costo del capital de 12%) sigue siendo negativo.

Para mejorar el FEL, podemos concentrarnos en mejorar el efectivo de las operaciones o en reducir los gastos de operación. Indagar en estas dos áreas nos lleva a preguntar:

- ¿Cuánto debería reducirse el costo de producción de la máquina de transporte para que este sea un negocio con un FEL positivo?
- ¿Cuánto debería aumentarse el precio del boleto para que este sea un negocio de FEL positivo? ¿Cuál es la elasticidad del precio de un transporte prácticamente instantáneo?
- ¿Duraría más la máquina de transporte si no funcionara a su máxima capacidad? ¿Y si resultara que el funcionamiento al 80% de la capacidad duplicara la vida operativa de la máquina? ¿Cómo afectaría esto al FEL?

Con el objetivo de maximizar el FEL, nuestro gerente habría tomado decisiones de inversión muy distintas de las que tomó cuando el objetivo era maximizar las ganancias. Sin otras opciones o modificaciones en este modelo de negocio, observamos que, en dicho escenario, destinar el capital al crecimiento es una mala elección. Más que invertir en crecimiento, lo mejor es invertir en mejorar y optimizar el modelo de negocio para ver si este puede llegar a ser positivo en términos del FEL.

Sobre el autor

John Rossman es asesor de innovación y estrategia. Anteriormente fue ejecutivo de Amazon, donde lanzó y expandió el negocio del mercado de la empresa, el cual representa ahora más del 50% de todas las unidades enviadas de Amazon. Dirigió el negocio de servicios empresariales de Amazon con responsabilidades en Target.com, NBA.com, Toys R Us y otras marcas importantes. Ahora dirige Rossman Partners, una empresa de asesoramiento empresarial que ayuda a sus clientes a innovar y crecer. Rossman ha trabajado con la Fundación Gates, Microsoft, Nordstrom, T-Mobile, Walmart y muchos otros. Es muy solicitado por diversos medios de comunicación de todo el mundo, como el *New York Times*, la BBC, la CNBC y Bloomberg, por sus comentarios como experto en Amazon e innovación. Está disponible para dar conferencias y talleres. La Executive Speakers Bureau lo representa. Disponible en info@rossmanpartners.com.

Para mayor información véase https://the-amazon-way.com/
Por favor, escribe tu opinión sobre este libro en Amazon y Goodreads. ¡Gracias!

Enfoque "cliente" guía sus decisiones y cultura